**ENJOY 여행프랑스어**

지은이 넥서스콘텐츠개발팀
펴낸이 임상진
펴낸곳 (주)넥서스

초판 1쇄 발행 2016년 6월 15일
초판 7쇄 발행 2023년 11월 1일

출판신고 1992년 4월 3일 제311-2002-2호
주소 10880 경기도 파주시 지목로 5
전화 (02)330-5500 팩스 (02)330-5555

ISBN 979-11-5752-832-5 13760

저자와 출판사의 허락 없이 내용의 일부를
인용하거나 발췌하는 것을 금합니다.
저자와의 협의에 따라서 인지는 붙이지 않습니다.

가격은 뒤표지에 있습니다.
잘못 만들어진 책은 구입처에서 바꾸어 드립니다.

이 도서의 국립중앙도서관 출판예정도서목록(CIP)은
서지정보유통지원시스템 홈페이지(http://seoji.nl.go.kr)와
국가자료공동목록시스템(http://www.nl.go.kr/kolisnet)에서 이용하실 수 있습니다.
(CIP제어번호 : CIP2016013971)

www.nexusbook.com

프랑스 여행 처음 갈 때 이 책!

# ENJOY 여행 프랑스어

넥서스콘텐츠개발팀 지음

넥서스

# 구성 및 특징

## Before you go 이것만은 알고 가자

### 자주 쓰는 표현 BEST 30

여행 가서 자주 쓰는 표현 30개를 엄선했습니다. 이것만 알아도 여행지에서 웬만한 의사소통은 가능합니다. 중요한 표현들이니 이것만은 꼭 알아두세요.

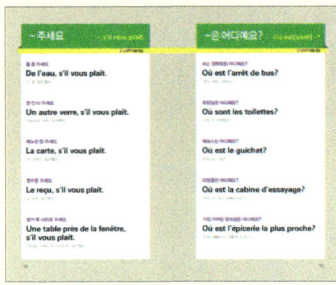

### 기초회화 Pattern 8

'~ 주세요', '~은 어디예요?'와 같이 여행지에서 자주 쓰는 회화 패턴을 정리했습니다. 패턴에 단어만 바꿔 넣으면 하고 싶은 말을 쉽게 표현할 수 있습니다.

**여행 과정에서 발생하는 상황의 표현들을 11가지의 주제별로 나누어 정리했습니다.**

① 초간단 기본 표현
② 기내에서
③ 공항에서
④ 호텔에서
⑤ 이동 중에
⑥ 교통 이용하기
⑦ 식당·술집에서
⑧ 관광 즐기기
⑨ 쇼핑하기
⑩ 친구 만들기
⑪ 긴급 상황 발생

상대방이 하는 말을 알아들어야 내가 하고 싶은 말도 할 수 있겠죠? 상대방이 하는 말, 즉 여행지에서 듣게 되는 표현은 별도의 표시를 해두었습니다.

단어만 말해도 뜻이 통할 때가 있습니다. 상황별로 자주 쓰이는 단어들을 보기 좋게 정리했습니다.

## MP3 100% 활용법

### 발음 듣기용

우리말 해석과 프랑스어 문장이 녹음되어 있습니다. 먼저 원어민 음성을 듣고 발음을 확인해 보세요.

✔ **check point!**

☐ 원어민 발음을 확인한다.
☐ '이런 말을 프랑스어로는 이렇게 하는구나' 이해한다.
☐ 들릴 때까지 반복해서 듣는다.

### 회화 연습용

우리말 해석을 듣고 프랑스어로 말해 보세요. 2초 후에 나오는 원어민 음성을 확인한 다음, 다시 따라 말하면서 공부한 표현을 암기하세요.

✔ **check point!**

☐ 제대로 외웠는지 확인한다.
☐ 원어민 발음에 가깝게 말하도록 반복 훈련한다.
☐ 우리말 해석을 듣고 바로 프랑스어 표현이 생각나지 않는다면 다시 복습한다.

### 무료 MP3 다운받는 법

❶ '넥서스 홈페이지' 접속
www.nexusbook.com

❷ 다운로드 영역에서 '인증받기' 클릭

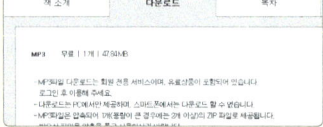

## 이것만은 알고 가자

여행 가서
**자주 쓰는 표현 BEST 30**    11

하고 싶은 말 다 하는
**기초회화 Pattern 8**    18

### 1. 초간단 기본표현

| | |
|---|---:|
| 인사하기 | 28 |
| 감사 인사 | 30 |
| 사과하기 | 31 |
| 긍정 표현 | 32 |
| 부정 표현 | 33 |
| 도움 청하기 | 34 |
| 프랑스어를 못해요 | 35 |

### 2. 기내에서

| | |
|---|---:|
| 자리 찾기 | 38 |
| 승무원에게 필요한 것 말하기 | 39 |
| 기내식 먹기 | 41 |
| 기내에서 아플 때 | 44 |

### 3. 공항에서

| | |
|---|---:|
| 탑승 수속하기 | 48 |
| 입국 심사 | 49 |
| 수하물 찾기 | 52 |
| 세관 검사 | 53 |
| 환전하기 | 54 |
| ★ 유로화 익히기 | 55 |

### 4. 호텔에서

| | |
|---|---:|
| 체크인 하기 | 58 |
| 숙소를 예약하지 않았을 때 | 59 |
| 룸서비스, 편의시설 이용하기 | 60 |
| 문제가 생겼어요 | 63 |
| 체크아웃 하기 | 65 |

### 5. 이동 중에

| | |
|---|---:|
| 길 물어보기 | 68 |
| 어디예요? | 70 |
| 어떻게 가요? | 71 |
| 길을 잃었어요 | 72 |
| ★ 여행 시 유용한 스마트폰 어플 | 73 |

## 6. 교통 이용하기

| | |
|---|---|
| 지하철 이용하기 | 76 |
| 버스 이용하기 | 78 |
| 기차표 구입하기 | 80 |
| 문제가 생겼어요 | 82 |
| 택시 이용하기 | 83 |
| 렌터카 이용하기 | 84 |

## 7. 식당·술집에서

| | |
|---|---|
| 식당 예약하기 | 88 |
| 식당에 도착했을 때 | 89 |
| 음식 주문하기 | 90 |
| ★ 프랑스 식당 메뉴판 읽기 | 92 |
| 문제가 생겼어요 | 94 |
| 계산하기 | 95 |
| 커피숍에서 | 97 |
| ★ 프랑스어 숫자 읽기 | 98 |
| 술집에서 | 99 |

## 8. 관광 즐기기

| | |
|---|---|
| 관광하기 | 102 |
| 관광 명소 구경하기 | 103 |
| 사진 찍기 | 104 |
| 공연 관람하기 | 106 |
| 스포츠 관람하기 | 107 |

## 9. 쇼핑하기

| | |
|---|---|
| 물건 살펴보기 | 110 |
| 물건 사기 | 114 |
| 옷 사기 | 116 |
| 신발 사기 | 120 |
| 화장품 사기 | 122 |
| 슈퍼마켓에서 | 124 |
| 교환과 환불 | 125 |

## 10. 친구 만들기

| | |
|---|---|
| 말문 떼기 | 128 |
| 자기소개 하기 | 129 |
| 칭찬하기 | 130 |
| 연락처 주고받기 | 131 |

## 11. 긴급 상황 발생

| | |
|---|---|
| 도움 청하기 | 134 |
| 도난당하거나 분실했을 때 | 137 |
| 교통사고가 났을 때 | 139 |
| 아플 때 | 140 |
| 스피드 인덱스 | 142 |

# 여행 가서
## 자주 쓰는 표현

# BEST 30

**감사합니다.**
# Merci.
메흐씨

---

**미안해요.**
# Je suis désolé(e).
쥬쒸이 데졸레

> Tip 말하는 주체가 남성일 때는 désolé를, 여성일 때는 désolée를 쓴다.

---

**저기요.**
# S'il vous plaît.
씰부쁠레

---

**아니요, 괜찮아요.**
# Non, ça va.
농 싸바

---

**네, 부탁해요.**
# Oui, s'il vous plaît.
위 씰부쁠레

**잘 모르겠어요.**
# Je ne sais pas.
쥬느 쎄 빠

---

**프랑스어는 전혀 못해요.**
# Je ne parle pas du tout français.
쥬느 빠흘르 빠뒤뚜 프항쎄

---

**뭐라고요?**
# Pardon?
빠흐동?

---

**좀 더 천천히 말씀해 주세요.**
# Parlez plus lentement, s'il vous plaît.
빠흘레 쁠뤼 랑뜨망 씰부쁠레

---

**얼마예요?**
# Ça fait combien?
싸페 꽁비앵?

그냥 둘러보는 중이에요.
**Je regarde seulement.**
쥬흐갸흐드 쐴르망

---

할인해 주세요.
**Faites-moi une réduction, s'il vous plaît.**
페뜨무아 윈헤뒥씨옹 씰부쁠레

---

입어 봐도 돼요?
**Puis-je essayer?**
쀠이쥬 에쎄이에?

---

이거 주세요.
**Je prends cela.**
쥬프항 쓸라

---

환불하고 싶어요.
**Je voudrais être remboursé(e).**
쥬부드헤 에트흐 항부흐쎄

### 포장해 주시겠어요?
**Pouvez-vous les emballer?**
뿌베부 레 장발레?

### 거기에 어떻게 가요?
**Comment je peux y aller?**
꼬망 쥬쁘 이알레?

### 얼마나 걸려요?
**Combien de temps faut-il?**
꽁비앵드땅 포띨?

### 여기에서 멀어요?
**C'est loin d'ici?**
쎄루앵 디씨?

### 가장 가까운 역이 어디예요?
**Où est la gare la plus proche?**
우에 라갸흐 라쁠뤼 프호슈?

**어디에서 갈아타요?**

# Où est-ce que je change?

우에스끄 쥬 샹쥬?

---

**택시를 불러 주세요.**

# Appelez-moi un taxi, s'il vous plaît.

아쁠레무아 앵딱씨 씰부쁠레

---

**꽁꼬르드 호텔로 가 주세요.**

# A l'Hôtel Concorde, s'il vous plaît.

아로뗄 꽁꼬흐드 씰부쁠레

---

**여기가 어디예요?**

# Où sommes-nous?

우쏨누?

---

**예약했는데요.**

# J'ai réservé.

줴 헤제흐베

### 사진을 찍어 주시겠어요?

**Pouvez-vous me prendre en photo?**

뽀베부 므 프항드흐 앙포또?

---

### 화장실이 어디예요?

**Où sont les toilettes?**

우쏭 레 뚜알레뜨?

---

### 이걸로 할게요.

**Je prendrai cela.**

쥬프항드헤 쓸라

---

### 물 한 잔 주세요.

**Un verre d'eau, s'il vous plaît.**

앵베흐도 씰부쁠레

---

### 계산서 주세요.

**L'addition, s'il vous plaît.**

라디씨옹 씰부쁠레

# 하고 싶은 말
## 다 하는 기초회화

# Pattern 8

# ~ 주세요

**~, s'il vous plaît**

### 물 좀 주세요.
**De l'eau, s'il vous plaît.**
드 로 씰부쁠레

### 한 잔 더 주세요.
**Un autre verre, s'il vous plaît.**
애노트흐 베흐 씰부쁠레

### 메뉴판 좀 주세요.
**La carte, s'il vous plaît.**
라 까흐뜨 씰부쁠레

### 영수증 주세요.
**Le reçu, s'il vous plaît.**
르 흐쒸 씰부쁠레

### 창가 쪽 자리로 주세요.
**Une table près de la fenêtre, s'il vous plaît.**
윈따블르 프헤드라 프네트흐 씰부쁠레

# ~은 어디예요? Où est[sont] ~?

**버스 정류장은 어디예요?**
## Où est l'arrêt de bus?
우에 라헤 드뷔쓰?

---

**화장실은 어디예요?**
## Où sont les toilettes?
우쏭 레 뚜알레뜨?

---

**매표소는 어디예요?**
## Où est le guichet?
우에 르 기쉐?

---

**피팅룸은 어디예요?**
## Où est la cabine d'essayage?
우에 라 꺄빈 데쎄이야쥬?

---

**가장 가까운 편의점은 어디예요?**
## Où est l'épicerie la plus proche?
우에 레삐쓰히 라쁠뤼 프호슈?

## ~ 찾고 있는데요   Je cherche ~

**기차역을 찾고 있는데요.**
# Je cherche la gare.
쥬쉐흐슈 라 갸흐

**방 열쇠를 찾고 있는데요.**
# Je cherche la clé de la chambre.
쥬쉐흐슈 라 끌레 드 라 샹브흐

**안내소를 찾고 있는데요.**
# Je cherche l'office de tourisme.
쥬쉐흐슈 로피쓰 드 뚜히즘

**쇼핑몰을 찾고 있는데요.**
# Je cherche un centre commercial.
쥬쉐흐슈 앵쌍트흐 꼬메흐씨알르

**여행 선물을 찾고 있는데요.**
# Je cherche un souvenir de voyage.
쥬쉐흐슈 앵수브니흐 드 부아이아쥬

# ~이 필요해요
## J'ai besoin de ~

**담요가 필요해요.**
### J'ai besoin d'une couverture.
쉐 브주앵 뒨꾸베흐뛰흐

---

**뜨거운 물 한 잔이 필요해요.**
### J'ai besoin d'un verre d'eau chaude.
쉐 브주앵 댕베흐도 쇼드

---

**통역관이 필요해요.**
### J'ai besoin d'un interprète.
쉐 브주앵 대냉떼흐프헤뜨

---

**지도가 필요해요.**
### J'ai besoin d'une carte.
쉐 브주앵 뒨까흐뜨

---

**당신의 도움이 필요해요.**
### J'ai besoin de votre aide.
쉐 브주앵 드 보트흐애드

## ~하고 싶어요     Je veux ~

**이것 좀 보고 싶어요.**
# Je veux regarder ceci.
쥬뵈 흐갸흐데 쓰씨

**저걸 먹고 싶어요.**
# Je veux manger cela.
쥬뵈 망줴 쓸라

**거기 가고 싶어요.**
# Je veux y aller.
쥬뵈 이알레

**예약하고 싶어요.**
# Je veux réserver.
쥬뵈 헤제흐베

**환불하고 싶어요.**
# Je veux être remboursé(e).
쥬뵈 에트흐 항부흐쎄

# ~ 있어요?  Avez-vous ~?

**빈방 있어요?**

## Avez-vous une chambre libre?
아베부 원샹브흐 리브흐?

---

**두 사람 테이블 있어요?**

## Avez-vous une table pour deux personnes?
아베부 윈따블르 뿌흐 되뻬흐쏜느?

---

**똑같은 걸로 검은색 있어요?**

## Avez-vous ce modèle en noir?
아베부 쓰모델 앙 누아흐?

---

**다른 스타일 있어요?**

## Avez-vous d'autres styles?
아베부 도트흐 스띨?

---

**더 싼 거 있어요?**

## Avez-vous quelque chose de moins cher?
아베부 껠끄쇼즈 드무앵 쉐흐?

# ~해 주시겠어요? Pourriez-vous ~?

**천천히 말씀해 주시겠어요?**

## Pourriez-vous parler plus lentement?

뿌히에부 빠흘레 쁠뤼 랑뜨망?

---

**다시 한번 말씀해 주시겠어요?**

## Pourriez-vous répéter?

뿌히에부 헤뻬떼?

---

**길 좀 알려 주시겠어요?**

## Pourriez-vous m'indiquer le chemin?

뿌히에부 맹디께 르 슈맹?

---

**저 좀 도와주시겠어요?**

## Pourriez-vous m'aider?

뿌히에부 메데?

---

**택시 좀 불러 주시겠어요?**

## Pourriez-vous appeler un taxi?

뿌히에부 아쁠레 앵딱씨?

## ~해도 돼요?　　Puis-je ~?

🎧 MP3 00-09

**입어 봐도 돼요?**
# Puis-je essayer?
쀠이쥬 에쎄이에?

---

**여기에서 사진 찍어도 돼요?**
# Puis-je prendre une photo ici?
쀠이쥬 프항드흐 윈포또 이씨?

---

**들어가도 돼요?**
# Puis-je entrer?
쀠이쥬 앙트헤?

---

**자리를 바꿔도 돼요?**
# Puis-je changer de place?
쀠이쥬 샹줴드 쁠라쓰?

---

**이거 써도 돼요?**
# Puis-je utiliser cela?
쀠이쥬 위띨리제 쓸라?

### 에펠탑 La tour eiffel

에펠탑은 1889년 파리 마르스 광장에 지어진 철탑이다.
프랑스의 대표 건축물인 이 탑은 파리에서 가장 높은 건축물로,
매년 수백만 명이 방문하는 세계적인 관람지이다.

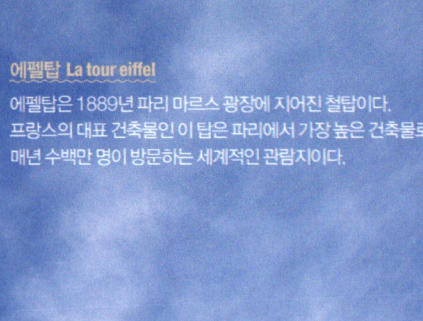

발음 듣기용

회화 연습용

# 초간단 기본 표현

## 가장 많이 쓰는 표현 Best 3

❶
안녕하세요.
**Bonjour.**

❷
감사합니다.
**Merci.**

❸
프랑스어를 못해요.
**Je ne parle pas français.**

## ✈ 인사하기

**안녕하세요. (아침, 점심)**
# Bonjour.
봉쥬흐

**안녕. (만나거나 헤어질 때)**
# Salut.
쌀뤼

**안녕하세요. (저녁)**
# Bonsoir.
봉쑤아흐

**안녕히 주무세요. (밤)**
# Bonne nuit.
본뉘

**처음 뵙겠습니다.**
# Enchanté(e).
앙샹떼

💡 말하는 주체가 남성일 때는 Enchanté를, 여성일 때는 Enchantée를 쓴다.

**안녕히 가세요.**
## Au revoir.
오흐부아흐

**또 만나요.**
## A bientôt.
아비앵또

**나중에 봐요.**
## A plus tard.
아쁠뤼 따흐

**좋은 하루 보내세요.**
## Bonne journée.
본쥬흐네

**행운을 빌어요.**
## Bonne chance.
본샹쓰

## ✈ 감사 인사

**감사합니다.**
Merci.
메흐씨

**정말 감사합니다.**
Merci beaucoup.
메흐씨 보꾸

**천만에요.**
De rien.
드히앵

**도와주셔서 감사합니다.**
Merci pour votre aide.
메흐씨 뿌흐 보트흐애드

**와 주셔서 감사합니다.**
Merci d'être venu(e).
메흐씨 데트흐 브뉘

## ✈ 사과하기

**미안합니다.**
Je suis désolé(e).
쥬쒸이 데졸레

**정말 죄송합니다.**
Je suis vraiment désolé(e).
쥬쒸이 브헤망 데졸레

**늦어서 미안해요.**
Excusez-moi d'être en retard.
엑쓰뀌제무아 데트흐 앙흐따흐

**어쩔 수 없었어요.**
Je n'y pouvais rien.
쥬니뿌베 히앵

**제 잘못이에요.**
C'est de ma faute.
쎄 드마포뜨

## ✈ 긍정 표현

**좋아요.**

C'est bien.

쎄비앵

**알겠습니다.**

Oui.

위

**물론이죠.**

Bien sûr.

비앵쒸흐

**저도 그렇게 생각해요.**

Je suis d'accord.

쥬쒸이 다꼬흐

**맞아요.**

Tout à fait.

뚜따페

## ✈ 부정 표현

**아니요, 그렇지 않아요.**
# Non, pas du tout.
농 빠두뚜

**그렇게 생각 안 해요.**
# Je ne pense pas.
쥬느빵쓰빠

**유감이군요.**
# C'est dommage.
쎄도마쥬

**아니요, 됐어요.**
# Non, ça va.
농 싸바

**잘 모르겠어요.**
# Je ne sais pas trop.
쥬느쎄빠 트호

### 도움 청하기

**좀 도와주시겠어요?**

Pourriez-vous m'aider?

뿌히에부 메데?

**부탁해도 될까요?**

Est-ce que je peux vous demander quelque chose?

에스끄 쥬쁘 부 드망데 껠끄쇼즈?

**잠깐 시간 괜찮으세요?**

Pourriez-vous m'accorder un peu de temps?

뿌히에부 마꼬흐데 앵쁘드땅?

**말씀 중에 죄송합니다.**

Excusez-moi de vous interrompre.

엑쓰뀌제무아 드 부 쟁때홍프흐

**제 가방 좀 봐 주시겠어요?**

Pourriez-vous surveiller mon sac?

뿌히에부 쒸흐베이에 몽싹?

# ✈ 프랑스어를 못해요

**프랑스어를 못해요.**
Je ne parle pas français.
쥬느 빠흘르빠 프항쎄

**잘 모르겠어요.**
Je ne sais pas trop.
쥬느쎄빠 트호

**좀 더 천천히 말씀해 주세요.**
Parlez plus lentement, s'il vous plaît.
빠흘레 쁠뤼 랑뜨망 씰부쁠레

**한 번 더 말씀해 주세요.**
Répétez, s'il vous plaît.
헤뻬떼 씰부쁠레

**여기에 적어 주세요.**
Ecrivez ici, s'il vous plaît.
에크히베 이씨 씰부쁠레

에클레어_éclair
에클레어는 '번개'라는 뜻으로 '너무 맛있어서 번개처럼 먹는다'는 의미로 붙은 이름이다. 커스터드나 휘핑크림으로 속을 채운 뒤 겉에 초콜릿이나 바닐라 버터 등을 입힌다. 여기에 과일이나 꽃잎 등으로 장식하면 에클레어가 완성된다.

발음 듣기용

회화 연습용

# 2 기내에서

## 가장 많이 쓰는 표현 Best 3

**❶**
저기요.
Excusez-moi!

**❷**
담요 좀 주세요.
Une couverture, s'il vous plaît.

**❸**
배가 아파요.
J'ai mal au ventre.

## ✈ 자리 찾기

**제 자리를 찾고 있는데요.**
Je cherche ma place.
쥬쉐흐슈 마쁠라쓰

🗣 **탑승권을 보여 주시겠습니까?**
Votre carte d'embarquement, s'il vous plaît.
보트흐 꺄흐뜨 당바흐끄망 씰부쁠레

🗣 **이쪽으로 오세요.**
Venez par ici.
브네 빠흐이씨

**좀 지나갈게요.**
Puis-je passer?
쀠이쥬 빠쎄?

**거기는 제 자리인데요.**
C'est ma place, ici.
쎄 마쁠라쓰 이씨

## ✈️ 승무원에게 필요한 것 말하기

**저기요.** (승무원을 부를 때)
# Excusez-moi.
엑쓰뀌제무아

**담요 좀 주세요.**
# Une couverture, s'il vous plaît.
윈꾸베흐뛰흐 씰부쁠레

**베개 좀 주세요.**
# Un oreiller, s'il vous plaît.
애노헤이에 씰부쁠레

**면세품 살 수 있어요?**
# Puis-je acheter des produits détaxés?
쀠이쥬 아슈떼 데프호뒤이 데딱쎄?

**뭐 마실 것 좀 주시겠어요?**
# Donnez-moi quelque chose à boire.
도네무아 껠끄쇼즈 아 부아흐

기내에서

# 단어만 알아도 통한다!

신문 **journal**
쥬흐날

잡지 **magazine**
마가진

이어폰 **écouteur**
에꾸뙤흐

담요 **couverture**
꾸베흐뛰흐

티슈 **mouchoir en papier**
무슈아흐 앙빠삐에

안대 **masque pour les yeux**
마스끄 뿌흐 레지외

목베개 **oreiller de voyage**
오헤이에 드 부아이아쥬

구명재킷 **gilet de sauvetage**
질레 드 쏘브따쥬

## ✈ 기내식 먹기

**식사 때 깨워 주세요.**

Réveillez-moi à l'heure du repas, s'il vous plaît.

헤베이에무아 아뢔흐뒤 흐빠 씰부쁠레

**식사는 필요 없어요.**

Je n'ai pas besoin de repas.

쥬네빠 브주앵드 흐빠

**쇠고기와 생선 중 어느 것으로 하시겠습니까?**

Vous prenez du boeuf ou du poisson?

부프흐네 뒤붸프 우뒤뿌아쏭?

**쇠고기 주세요.**

Du boeuf, s'il vous plaît.

뒤붸프 씰부쁠레

**앞 테이블을 내려 주시겠어요?**

Pourriez-vous baisser la tablette située devant vous?

뿌히에부 배쎄 라 따블렛 씨뛰에 드방부?

### 커피 드릴까요, 차 드릴까요?
Voulez-vous du café ou du thé?

불레부 뒤까페 우뒤떼?

### 음료는 뭐가 있나요?
Qu'est-ce qu'il y a comme boisson?

께스낄리아 꼼부아쏭?

### 물도 한 컵 주세요.
J'aimerais aussi un verre d'eau.

쥄므헤 오씨 앵베흐도

### 한 잔 더 주시겠어요?
Un autre verre, s'il vous plaît.

애노트흐 베흐 씰부쁠레

### 식사 다 하셨습니까?
Avez-vous terminé votre repas?

아베부 떼흐미네 보트흐 흐빠?

# 단어만 알아도 통한다!

| | | |
|---|---|---|
|  | 오렌지주스 | **jus d'orange**<br>쥐 도항쥬 |
|  | 맥주 | **bière**<br>비에흐 |
|  | 우유 | **lait**<br>래 |
|  | 콜라 | **coca**<br>꼬까 |
|  | 녹차 | **thé vert**<br>떼 베흐 |
|  | 커피 | **café**<br>까페 |
|  | 와인 | **vin**<br>뱅 |
|  | 물 | **eau**<br>오 |

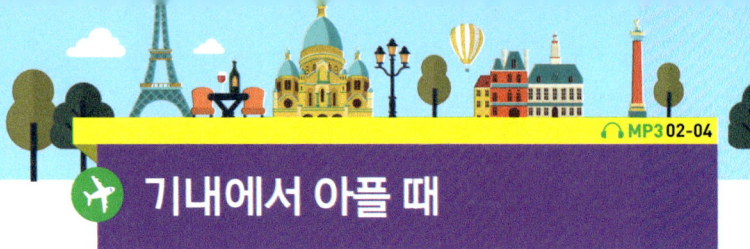

## ✈ 기내에서 아플 때

**몸이 안 좋아요.**

Je me sens mal.

쥬므쌍 말

**배가 아파요.**

J'ai mal au ventre.

줴말 오 방트흐

**두통약 있어요?**

Avez-vous un médicament contre le mal de tête?

아베부 앵메디까망 꽁트흐 르말드떼뜨?

**멀미약 좀 주세요.**

Donnez-moi un médicament contre le mal de l'air.

도네무아 앵메디까망 꽁트흐 르말드래흐

**구토 봉투 있어요?**

Avez-vous un sac hygiénique?

아베부 앵싹 이쥐에니끄?

# 단어만 알아도 통한다!

| | |
|---|---|
| 두통 | **mal de tête** <br> 말드떼뜨 |
| 복통 | **mal de ventre** <br> 말드방트흐 |
| 구토 | **vomissement** <br> 보미쓰망 |
| 비행기 멀미 | **mal de l'air** <br> 말드래흐 |
| 생리통 | **douleur menstruelle** <br> 둘뤠흐 망스트휘앨 |
| 호흡 곤란 | **respiration pénible** <br> 헤스삐하씨옹 뻬니블 |
| 아픈 | **malade** <br> 말라드 |
| 추운 | **froid** <br> 프후아 |

# 루브르 박물관 Musée du Louvre

루브르 박물관은 메트로폴리탄 미술관, 대영박물관과 함께 세계적으로 손꼽히는 박물관이다. 밀로의 비너스, 레오나르도 다 빈치의 모나리자 등 다수의 걸작들을 전시하고 있다. 지금의 건물은 루브르 궁전을 개조한 것으로, 세계문화유산으로 지정되어 있다.

발음 듣기용

회화 연습용

# 3
★enjoy★

# 공항에서

## 가장 많이 쓰는 표현 Best 3

**❶**
여권을 보여 주시겠어요?
**Votre passeport, s'il vous plaît.**

**❷**
어디에 머물 예정인가요?
**Où allez-vous rester?**

**❸**
제 짐을 찾을 수가 없어요.
**Je ne trouve pas mes bagages.**

© Viacheslav Lopatin

## ✈ 탑승 수속하기

**국제선 터미널은 어디예요?**
Où est le terminal international?
우에 르 때흐미날 앵때흐나씨오날?

**부치실 짐이 있습니까?**
Avez-vous des bagages à enregistrer?
아베부 데 바가쥬 아 앙흐쥐스트헤?

**어느 게이트로 가면 돼요?**
A quelle porte dois-je me rendre?
아껠 뽀흐뜨 두아쥬 므헝드흐?

**곧 탑승을 시작하겠습니다.**
L'embarquement va bientôt commencer.
랑바흐끄망 바 비앵또 꼬망쎄

**좌석은 통로쪽, 창가쪽 어디로 하시겠습니까?**
Voulez-vous un siège côté couloir ou côté fenêtre?
불레부 앵 씨에쥬 꼬떼 꿀루아흐 우 꼬떼 프네트흐?

## ✈ 입국 심사

**여권을 보여 주시겠어요?**

Votre passeport, s'il vous plaît.

보트흐 빠쓰뽀흐 씰부쁠레

**여기요.**

Voici.

부아씨

**방문 목적은 무엇입니까?**

Quel est le but de votre voyage?

껠레르뷔 드 보트흐 부아이아쥬?

**관광차 왔어요.**

Je suis venu(e) pour faire du tourisme.

쥬쒸이 브뉘 뿌흐 페흐 뒤 뚜히즘

**사업 때문에 왔습니다.**

Je suis venu(e) pour affaires.

쥬쒸이 브뉘 뿌흐 아패흐

### 어디에 머물 예정인가요?
**Où allez-vous rester?**
우 알레부 헤스떼?

### 그랜드 호텔에서요.
**A l'Hôtel Grand.**
아 로뗄 그항

### 친구네 집에서요.
**Chez mon ami(e).**
쉐 모나미

### 얼마나 머물 예정입니까?
**Combien de temps allez-vous rester?**
꽁비앵드땅 알레부 헤스떼?

### 5일간이요.
**Cinq jours.**
쌩 쥬흐

> **Tip**
> 하루 un jour [앵 쥬흐]
> 이틀 deux jours [되 쥬흐]
> 사흘 trois jours [트후아 쥬흐]
> 일주일 une semaine [윈 스맨]
> 열흘 dix jours [디 쥬흐]
> 한달 un mois [앵 무아]

# 단어만 알아도 통한다!

| | | |
|---|---|---|
| 관광 | **tourisme** 뚜히씀 | |
| 사업 | **affaires** 아패흐 | |
| 신혼여행 | **voyage de noces** 부아이아쥬 드 노쓰 | |
| 회의 | **réunion** 헤위니옹 | |
| 공부 | **étude** 에뛰드 | |
| 휴가 | **vacances** 바깡쓰 | |
| 여행 | **voyage** 부아이아쥬 | |
| 방문 | **visite** 비지뜨 | |

## 수하물 찾기

**짐은 어디에서 찾나요?**

Où puis-je récupérer mes bagages?

우 쀠이쥬 헤뀌뻬헤 메 바갸쥬?

**무슨 항공편으로 오셨나요?**

Quel vol avez-vous pris?

껠볼 아베부 프히?

**좀 도와주세요.**

Aidez-moi, s'il vous plaît.

에데무아 씰부쁠레

**제 짐을 찾을 수가 없어요.**

Je ne trouve pas mes bagages.

쥬느 트후브빠 메 바갸쥬

**제 짐이 아직 안 나왔어요.**

Mes bagages ne sont pas encore arrivés.

메 바갸쥬 느쏭빠 앙꼬흐 아히베

# 세관 검사

### 신고하실 물품이 있습니까?
**Avez-vous quelque chose à déclarer?**
아베부 껠끄쇼즈 아 데끌라헤?

### 아니요, 없습니다.
**Non, je n'ai pas.**
농 쥬네빠

### 가방 안에는 뭐가 있죠?
**Qu'est-ce qu'il y a dans votre sac?**
께스낄리아 당 보트흐 싹?

### 개인적인 용품들이에요.
**Ce sont des affaires personnelles.**
쓰쏭 데 자페흐 뻬흐쏘넬

### 가방을 열어 주시겠어요?
**Pourriez-vous ouvrir votre sac?**
뿌히에부 우브히흐 보트흐 싹?

## ✈ 환전하기

**환전하는 곳은 어디예요?**
# Où se trouve un bureau de change?
우쓰 트후브 앵 뷔호드 샹쥬?

**환전하려고 하는데요.**
# Je veux changer de l'argent.
쥬뵈 샹줴드 라흐쟝

**미국 달러를 유로로 환전할 수 있나요?**
# Pourriez-vous changer des dollars américains en euros?
뿌히에부 샹줴데 돌라흐 아메히깽 앙 외호?

🗣 **돈은 어떻게 드릴까요?**
# Comment voulez-vous votre argent?
꼬망 불레부 보트흐 아흐쟝?

**10유로와 50유로로 주세요.**
# Donnez-moi quelques billets de 10 et de 50 euros.
도네무아 껠끄비이애 드 디쓰 에드 쌩깡뜨 외호

# 유로화 익히기

**5 euros** [쌩 꾀호]

**10 euros** [디 죄호]

**20 euros** [뱅 뙤호]

**50 euros** [쌩깡뜨 외호]

**100 euros** [쌍 뙤호]

**200 euros** [되쌍 뙤호]

**1 centime** [앵 쌍띰]   **2 centimes** [되쌍띰]   **5 centimes** [쌩 쌍띰]
**10 centimes** [디 쌍띰]   **20 centimes** [뱅 쌍띰]   **50 centimes** [쌩깡드 쌍띰]

> **유로화를 쓰지 않는 유럽 국가**
> 영국(파운드), 스위스(프랑), 스웨덴(크로나), 덴마크(크로나), 체코(코룬), 크로아티아(쿠나) 등

### 개선문 arc de triomphe

개선문은 전쟁에서 승리해 돌아오는 나폴레옹을 기리기 위하여 세운 것이다. 개선문의 벽에는 장군들의 이름이 새겨져 있으며, 전쟁에서의 영광스러운 장면들이 장식되어 있다.

## ✈ 체크인 하기

**지금 체크인 할 수 있어요?**

Puis-je prendre ma chambre maintenant?

쀠이쥬 프항드흐 마 샹브흐 맹뜨낭?

🗣 **예약은 하셨나요?**

Avez-vous réservé?

아베부 헤제흐베?

**네, 제 이름은 최수지입니다.**

Oui, je m'appelle Suji Choi.

위 쥬마뻴 수지 최

🗣 **이 서류를 작성해 주세요.**

Remplissez ces fiches, s'il vous plaît.

항쁠리쎄 쎄피슈 씰부쁠레

🗣 **여기, 방 열쇠입니다.**

Voici la clé de la chambre.

부아씨 라 끌레 드 라 샹브흐

# 숙소를 예약하지 않았을 때

**빈방 있나요?**

## Avez-vous une chambre libre?

아베부 윈샹브흐 리브흐?

**어떤 방을 원하세요?**

## Quelle chambre voulez-vous?

껠 샹브흐 불레부?

**싱글룸으로 주세요.**

## Une chambre à un lit, s'il vous plaît.

윈샹브흐 아앵리 씰부쁠레

> Tip 싱글룸 Chambre à un lit [샹브흐 아앵리]
> 더블룸 Chambre double [샹브흐 두블르]
> 트윈룸 Chambre à deux lits [샹브흐 아되리]

**1박에 얼마예요?**

## C'est combien pour une nuit?

쎄꽁비앵 뿌흐 윈뉘이?

**좀 더 싼 방은 없나요?**

## Vous n'avez pas de chambre moins chère?

부나베빠 드 샹브흐 무앵쉐흐?

호텔에서

## 룸서비스, 편의시설 이용하기

**룸서비스 부탁합니다.**

Je voudrais un service en chambre.

쥬부드헤 앵쎄흐비쓰 앙 샹브흐

**비누와 샴푸를 더 가져다주시겠어요?**

Apportez-moi plus de savon et de shampoing, s'il vous plaît.

아뽀흐떼무아 쁠뤼드 싸봉 에드 샹뿌앵 씰부쁠레

**얼음이랑 물 좀 주세요.**

Je voudrais de la glace et de l'eau.

쥬부드헤 드라 글라쓰 에드 로

**7시에 모닝콜 부탁합니다.**

Réveillez-moi à 7 heures, s'il vous plaît.

헤베이에무아 아 쎄뙤흐 씰부쁠레

**택시를 불러 주시겠어요?**

Pourriez-vous appeler un taxi?

뿌히에부 아쁠레 앵딱씨?

### 세탁 서비스 돼요?
# Le service de blanchisserie est-il possible?
르 쎄흐비쓰 드 블랑쉬쓰히 에띨 뽀씨블르?

### 언제쯤 될까요?
# Ce sera prêt pour quand?
쓰쓰하 프헤 뿌흐 깡?

### 수건을 좀 더 주세요.
# Je voudrais plus de serviettes.
쥬부드헤 쁠뤼드 쎄흐비에뜨

### 인터넷을 사용할 수 있나요?
# Puis-je utiliser l'internet?
쀠이쥬 위띨리제 랭떼흐네뜨?

### 와이파이 비밀번호가 뭐예요?
# Quel est le mot de passe Wifi?
껠레 르 모드빠쓰 위피?

# 단어만 알아도 통한다!

수건 — **serviette** 쎄흐비에뜨

이불 — **couette** 꾸에뜨

휴지 — **papier toilette** 빠삐에 뚜알레뜨

면도기 — **rasoir** 하주아흐

베개 — **oreiller** 오헤이에

헤어드라이어 — **sèche-cheveux** 쎄슈 슈뵈

칫솔 — **brosse à dents** 브호쓰 아당

키 카드 — **carte-clé** 꺄흐뜨끌레

## ✈️ 문제가 생겼어요

**열쇠를 방 안에 두고 나왔어요.**
J'ai laissé la clé dans la chambre.
쮀 레쎄 라 끌레 당라 샹브흐

**방 열쇠를 잃어버렸어요.**
J'ai perdu la clé de la chambre.
쮀 뻬흐뒤 라 끌레 드라 샹브흐

**202호입니다.**
Numéro 202.
뉘메호 되쌍되

**텔레비전이 잘 안 나와요.**
La télé ne marche pas bien.
라뗄레 느 마흐슈 빠비앵

**너무 시끄러워요.**
C'est trop bruyant.
쎄 트호 브휘이앙

### 시트가 더러워요.
# Le drap est sale.
르 드하 에 쌀르

### 방이 너무 추워요.
# La chambre est trop froide.
라 샹브흐 에 트호 프후아드

### 에어컨이 안 돼요.
# Le climatiseur est en panne.
르 끌리마띠줴흐 에땅빤느

### 뜨거운 물이 안 나와요.
# Il n'y a pas d'eau chaude.
일 니아빠 도 쇼드

### 화장실 물이 잘 안 내려가요.
# L'eau des toilettes s'écoule mal.
로 데 뚜알레뜨 쎄꿀르 말르

## ✈️ 체크아웃 하기

**체크아웃은 몇 시인가요?**

A quelle heure faut-il régler ma note?

아껠뤠흐 포띨 헤글레 마 노뜨?

**체크아웃 부탁합니다.**

Je voudrais régler ma note.

쥬부드헤 헤글레 마 노뜨

**이건 무슨 요금입니까?**

Ce prix correspond à quoi?

쓰프히 꼬헤스뽕 아꾸아?

**잘못된 것 같은데요.**

Je pense qu'il y a une erreur.

쥬빵쓰 낄리아 위네훼흐

**하루 더 있고 싶은데요.**

Je voudrais rester une nuit de plus.

쥬부드헤 헤스떼 윈뉘이 드쁠뤼쓰

마카롱 macaron
마카롱은 프랑스의 대표적인 디저트이다.
머랭거품을 주재료로 만들었고,
겉은 약간 딱딱하지만 속은 부드럽고 달콤하다.

발음 듣기용   회화 연습용

# 5
★enjoy★

# 이동 중에

## 가장 많이 쓰는 표현 Best 3

❶
**길 좀 알려 주시겠어요?**
**Pourriez-vous m'indiquer le chemin?**

❷
**걸어서 갈 수 있나요?**
**Puis-je y aller à pied?**

❸
**길을 잃었어요.**
**Je me suis perdu(e).**

## ✈ 길 물어보기

**길 좀 알려 주시겠어요?**

# Pourriez-vous m'indiquer le chemin?

뿌히에부 맹디께 르 슈맹?

**여기에 가고 싶은데요.**

# Je veux aller là.

쥬뵈 알레 라

**노트르담 대성당을 찾고 있어요.**

# Je cherche la cathédrale de Notre-Dame.

쥬쉐흐슈 라 꺄떼드할 드 노트흐담

**이 길의 이름은 뭐예요?**

# Quel est le nom de cette rue?

껠레르농 드쎄뜨 휘?

**근처에 슈퍼가 있나요?**

# Y a-t-il un supermarché près d'ici?

이아띨 앵 쒸뻬흐마흐쉐 프헤 디씨?

# 단어만 알아도 통한다!

| | | |
|---|---|---|
| 박물관 | **musée** 뮈제 | |
| 미술관 | **musée d'art** 뮈제 다흐 | |
| 극장 | **théâtre** 떼아트흐 | |
| 경기장 | **stade** 스따드 | |
| 국립공원 | **parc national** 빠흐끄 나씨오날 | |
| 백화점 | **grand magasin** 그항 마가쟁 | |
| 고궁 | **palais** 빨레 | |
| 성당 | **cathédrale** 까떼드할 | |

### ✈️ 어디예요?

**버스 정류장은 어디예요?**
# Où est l'arrêt de bus?
우에 레 라헤 드뷔쓰?

**가장 가까운 역은 어디예요?**
# Où est la gare la plus proche?
우에 라 갸흐 라쁠뤼 프호슈?

**출구는 어디예요?**
# Où est la sortie?
우에 라 쏘흐띠?

**매표소는 어디예요?**
# Où est le guichet?
우에 르 기쉐?

**박물관은 어디에 있어요?**
# Où est le musée?
우에 르 뮈제?

## ✈️ 어떻게 가요?

**거긴 어떻게 가요?**
# Comment peut-on y aller?
꼬망 뾔똥 이알레?

**개선문은 어떻게 가나요?**
# Comment peut-on aller à l'Arc de triomphe?
꼬망 뾔똥 알레 아 라흐끄 드 트히옹프?

**여기에서 멀어요?**
# C'est loin d'ici?
쎄루앙 디씨?

**얼마나 걸려요?**
# Combien de temps faut-il?
꽁비앵드땅 포띨?

**걸어서 갈 수 있나요?**
# Puis-je y aller à pied?
쀠이쥬 이알레 아삐에?

이동중에

# ✈ 길을 잃었어요

**길을 잃었어요.**

Je me suis perdu(e).

쥬므쒸이 뻬흐뒤

**여기가 어디예요?**

Où sommes-nous?

우쏨누?

**여기가 어디인지 모르겠어요.**

Je ne sais pas où nous sommes.

쥬느쎄빠 우누쏨

**여기에 데려다주시겠어요?**

Pourriez-vous m'amener jusque-là?

뿌히에부 마므네 쥐스끄 라?

**이 지도에서 우리의 위치는 어디인가요?**

Où sommes-nous sur ce plan?

우쏨누 쒸흐 쓰쁠랑?

# 여행 시 유용한 스마트폰 어플

### Google Maps
해외여행 필수 어플 중 하나이다.

### City Maps 2Go / MAPS.ME
와이파이가 연결되어 있지 않은 상태에서도 사용 가능하다. 휴대폰 데이터 로밍을 하지 않았다면 강추!

### 네이버 글로벌회화
9개 언어의 자주 쓰이는 여행 회화 표현들이 정리되어 있으며, 음성도 들을 수 있다.

### Just touch it
해외에서 긴급 상황 발생 시 의사 표현을 할 수 있게 도와준다.

### 트립어드바이저
호텔, 항공권 예약뿐만 아니라 관광 명소와 맛집 정보도 얻을 수 있다.

### 유레일 필수 어플 Rail Planner
유레일 시간표를 볼 수 있으며, 와이파이 없이 이용 가능하다.

### 니스 Nice

니스는 프랑스 남부의 항만 도시로, 프랑스 지중해 연안에 위치해 있다.
연평균 기온이 15℃으로 온난하며 풍경이 아름다워 많은 관광객이 찾고 있다.

발음 듣기용

회화 연습용

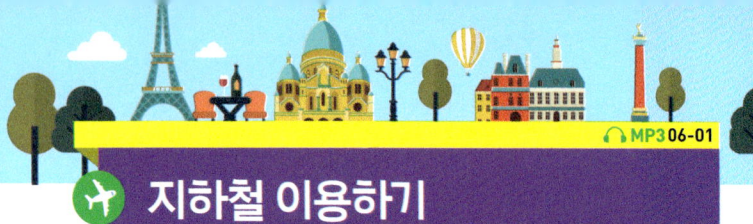

## 지하철 이용하기

**매표소는 어디에 있어요?**
# Où est le guichet?
우에 르 기쉐?

**요금은 얼마예요?**
# C'est combien?
쎄 꽁비앵?

**어느 출구로 나가야 하나요?**
# Quelle sortie dois-je prendre?
껠쏘흐띠 두아쥬 프항드흐?

**다음은 무슨 역이에요?**
# Où est la station suivante?
우에 라 스따씨옹 쒸이방뜨?

**어디에서 갈아타요?**
# Où dois-je changer?
우 두아쥬 샹줴?

# 단어만 알아도 통한다!

| 지하철 | **métro** <br> 메트호 |
|---|---|
| 지하철표 | **ticket de métro** <br> 띠께 드 메트호 |
| 매표소 | **guichet** <br> 기쉐 |
| 요금 | **tarif** <br> 따히프 |
| 출구 | **sortie** <br> 쏘흐띠 |
| 개찰구 | **tourniquet du métro** <br> 뚜흐니께 뒤 메트호 |
| 갈아타다 | **changer** <br> 샹줴 |

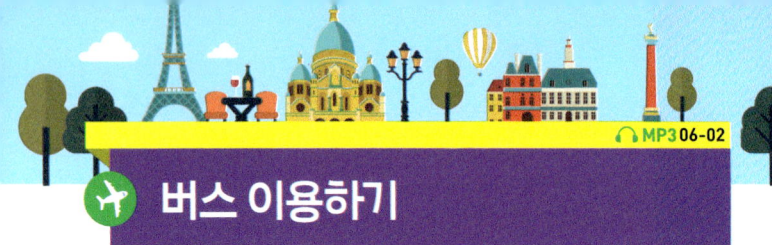

## ✈️ 버스 이용하기

**이 버스 콩코드 광장에 가나요?**

### Est-ce que ce bus va à la place de la Concorde?

에스끄 쓰뷔쓰 바 아라쁠라쓰 드라 꽁꼬흐드?

**네, 갑니다.**

### Oui.

위

**아뇨, 안 가요.**

### Non.

농

**루브르 박물관에 가는 버스는 몇 번이에요?**

### Quel est le numéro du bus qui va au Louvre?

껠레 르 뉘메호 뒤뷔쓰 끼바 오 루브흐?

**69번 버스를 타세요.**

### Prenez le numéro 69.

프흐네 르 뉘메호 쑤아쌍뜨 뇌프

**버스 요금은 얼마예요?**

# Quel est le tarif?

껠레 르 따히프?

> **Tip**
> 1유로 un euro [애 뇌호]
> 2유로 deux euros [되 죄호]
> 3유로 trois euros [트후아 죄호]
> 4유로 quatre euros [꺄트흐 외호]
> 5유로 cinq euros [쌩 꾀호]
> 6유로 six euros [씨 죄호]
> 7유로 sept euros [쎄 뙤호]
> 8유로 huit euros [위이 뙤호]
> 9유로 neuf euros [눼 뵈호]
> 10유로 dix euros [디 죄호]

**1.8 유로입니다.**

# Un euro quatre-vingts.

애 뇌호 꺄트흐뱅

**샹젤리제 거리에서 내리고 싶은데요.**

# Je voudrais descendre aux Champs-Elysées.

쥬부드헤 데쌍드흐 오 샹젤리제

**이번에 내리세요.**

# Descendez ici.

데쌍데 이씨

**도착하면 알려 주세요.**

# Pourriez-vous me dire quand nous y serons arrivés?

뿌히에부 므디흐 깡 누지스홍 아히베

교통수단

## ✈ 기차표 구입하기

**리옹까지 얼마예요?**

# C'est combien pour Lyon?

쎄 꽁비앵 뿌흐 리옹?

**기차는 몇 시에 출발해요?**

# A quelle heure part le train?

아껠뢔흐 빠흐 르 트행?

**좀 더 빨리 출발하는 것은 없나요?**

# Vous n'avez pas de départ plus tôt?

부나베빠 드 데빠흐 쁠뤼 또?

**어른 한 장 주세요.**

# Un billet pour adulte, s'il vous plaît.

앵 비이애 뿌흐 아뒬뜨 씰부쁠레

> Tip
> 1장  un billet [앵 비이애]
> 2장  deux billets [되 비이애]
> 3장  trois billets [트후아 비이애]

**이 기차표를 취소할 수 있나요?**

# Puis-je annuler ce billet?

쀠이쥬 아뉠레 쓰 비이애?

### 편도입니까? 왕복입니까?
## Un aller-simple ou un aller-retour?
애날레 쌩쁠르 우 애날레 흐뚜흐?

### 왕복입니다. / 편도입니다.
## Un aller-retour. / Un aller-simple.
애날레 흐뚜흐 　　　　　애날레 쌩쁠르

### 편도 요금은 얼마예요?
## Un aller-simple, c'est combien?
애날레 쌩쁠르 쎄 꽁비앵?

### 니스행 왕복표 주세요.
## Un aller-retour pour Nice, s'il vous plaît.
애날레 흐뚜흐 뿌흐 니쓰 씰부쁠레

### 마르세유행 편도표 주세요.
## Un aller-simple pour Marseille, s'il vous plaît.
애날레 쌩쁠르 뿌흐 마흐쎄이으 씰부쁠레

## 문제가 생겼어요

**표를 잃어버렸어요.**

J'ai perdu mon billet.

줴 뻬흐뒤 몽 비이애

**기차를 잘못 탔어요.**

Je me suis trompé(e) de train.

쥬므쒸이 트홍뻬 드 트행

**기차를 놓쳤어요.**

J'ai raté le train.

줴 하떼 르 트행

**내릴 역을 지나쳐 버렸어요.**

J'ai dépassé la gare où je devais descendre.

줴 데빠쎄 라 갸흐 우 쥬드베 데쌍드흐

**기차에 짐을 놓고 내렸어요.**

J'ai laissé mon bagage dans le train.

줴 레쎄 몽 바가쥬 당르 트행

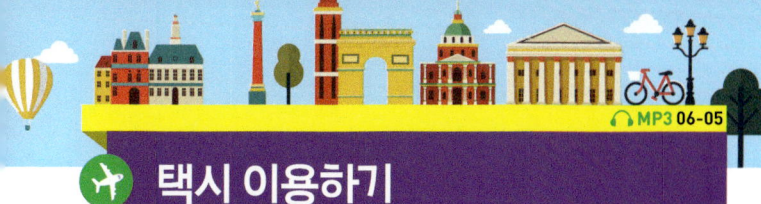

# 택시 이용하기

**택시를 불러 주세요.**

Appelez-moi un taxi, s'il vous plaît.

아쁠레무아 앵딱씨 씰부쁠레

**공항까지 요금이 얼마나 나와요?**

Quel est le tarif jusqu'à l'aéroport?

껠레 르 따히프 쥐스꺄 라에호뽀흐?

**공항까지 시간이 얼마나 걸려요?**

Combien de temps faut-il jusqu'à l'aéroport?

꽁비앵드땅 포띨 쥐스꺄 라에호뽀흐?

**이 주소로 가 주세요.**

A cette adresse, s'il vous plaît.

아쎄 따드헤쓰 씰부쁠레

**여기에 세워 주세요.**

Arrêtez-vous ici.

아헤떼부 이씨

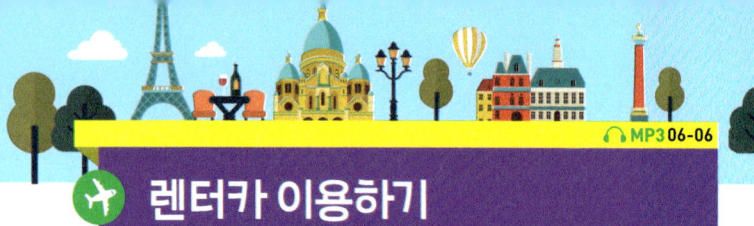

# 렌터카 이용하기

**차를 빌리고 싶은데요.**

## Je voudrais louer une voiture.

쥬부드헤 루에 윈 부아뛰흐

**하루 요금이 얼마예요?**

## Quel est le tarif pour un jour?

껠레 르 따히프 뿌흐 앵쥬흐?

**어떤 종류의 차를 원하세요?**

## Quel type de voiture voulez-vous?

껠띱드 부아뛰흐 불레부?

**며칠간 쓰실 건가요?**

## Pour combien de jours?

뿌흐 꽁비앵드 쥬흐?

**일주일이요.**

## Pour une semaine.

뿌흐 윈 스맨느

> Tip
> 일주일 une semaine [윈 스맨느]
> 하루 un jour [앵 쥬흐]
> 이틀 deux jours [되 쥬흐]
> 사흘 trois jours [트후아 쥬흐]

### 차를 목적지에서 반납할 수 있나요?
# Puis-je rendre la voiture à destination?
쀠이쥬 항드흐 라 부아뛰흐 아 데스띠나씨옹?

### 신용카드를 주시겠어요?
# Votre carte de crédit, s'il vous plaît.
보트흐 까흐뜨 드 크헤디 씰부쁠레

### 면허증을 보여 주세요.
# Votre permis de conduire, s'il vous plaît.
보트흐 뻬흐미 드 꽁뒤이흐 씰부쁠레

### 노로 지도가 필요해요.
# J'ai besoin d'une carte routière.
줴 브주앵 뒨까흐뜨 후띠에흐

### 여기에서 저기까지 어떻게 가나요?
# Comment puis-je aller d'ici à là?
꼬망 쀠이쥬 알레 디씨 아라?

### 노트르담 대성당 Cathédrale Notre-Dame

노트르담 대성당은 프랑스 파리의 시테 섬에 있는 고딕 양식의 성당이다.
프랑스 고딕 건축의 정수로서, 파리에서 가장 많은 관광객이 찾는 곳 중 하나이다.

발음 듣기용

회화 연습용

## 식당 예약하기

**저녁 6시에 예약하고 싶은데요.**
# Je voudrais réserver à 18 heures.
쥬부드헤 헤제흐베 아 디쥐이 뙈흐

**몇 분이신가요?**
# Vous êtes combien?
부젯 꽁비앵?

**두 명이요.**
# Deux personnes.
되 뻬흐쏜느

> Tip
> 한 명 une personne [윈 뻬흐쏜느]
> 세 명 trois personnes [트후아 뻬흐쏜느]
> 네 명 quatre personnes [꺄트흐 뻬흐쏜느]
> 다섯 명 cinq personnes [쌩 뻬흐쏜느]

**금연석으로 주세요.**
# Zone non fumeur, s'il vous plaît.
존 농 퓌뭬흐 씰부쁠레

> Tip
> 금연석 Zone non fumeur [존 농 퓌뭬흐]
> 흡연석 Zone fumeur [존 퓌뭬흐]

**예약을 변경하고 싶은데요.**
# Je voudrais modifier ma réservation.
쥬부드헤 모디피에 마 헤제흐바씨옹

## ✈️ 식당에 도착했을 때

### 예약은 하셨나요?
**Avez-vous réservé?**
아베부 헤제흐베?

### 네, 오후 5시 예약입니다.
**Oui, j'ai réservé à 17 heures.**
위 줴 헤제흐베 아 디쎄뚸흐

### 아뇨, 예약 안 했는데요.
**Non, je n'ai pas réservé.**
농 쥬네빠 헤제흐베

### 두 사람인데 자리 있어요?
**Y a-t-il une table pour deux personnes?**
이아띨 윈따블르 뿌흐 되 뻬흐쏜느?

### 죄송하지만, 지금은 자리가 없습니다.
**Excusez-moi, mais maintenant, il n'y a pas de table libre.**
엑쓰뀌제무아 메 맹뜨낭 일니아빠 드 따블르 리브흐

## 음식 주문하기

**메뉴를 보여 주세요.**
La carte, s'il vous plaît.
라 꺄흐뜨 씰부쁠레

**주문하시겠습니까?**
Voulez-vous commander?
불레부 꼬망데?

**지금 주문해도 돼요?**
Puis-je commander maintenant?
쀠이쥬 꼬망데 맹뜨낭?

**주문은 잠시 후에 할게요.**
Je commanderai un peu plus tard.
쥬 꼬망드헤 앵쁘쁠뤼 따흐

**메뉴판을 다시 볼 수 있을까요?**
Puis-je revoir la carte?
쀠이쥬 흐부아흐 라 꺄흐뜨?

### 이건 뭔가요?
Qu'est-ce que c'est?

께스끄쎄?

### 그걸로 할게요.
Je voudrais ceci.

쥬부드헤 쓰씨

### 같은 걸로 주세요.
Je prends la même chose.

쥬프항 라멤므쇼즈

### 음료는 뭘로 하시겠어요?
Que voulez-vous comme boisson?

끄 불레부 꼼부아쏭?

### 추천할 메뉴는 무엇입니까?
Qu'est-ce que vous nous recommandez?

께스끄 부 누 흐꼬망데?

# 프랑스 식당 메뉴판 읽기

## 인기 메뉴

푸아그라
foie gras
[푸아그하]

에스카르고
escargot
[에스꺄흐고]

샤토브리앙
chateaubriand
[샤또브히이앙]

라타투이
ratatouille
[하따뚜이으]

부야베스
bouillabaisse
[부이아베스]

뵈프 부르귀뇽
boeuf bourguignon
[붸프 부흐기뇽]

슈크루트
choucroute
[슈크후뜨]

코코뱅
coq au vin
[꼬꼬뱅]

카슐레
cassoulet
[까쑬레]

## 주류 및 디저트

스파클링 와인
vin mousseux
[뱅 무쐬]

화이트 와인
vin blanc
[뱅 블랑]

레드 와인
vin rouge
[뱅 후쥬]

크루아상
croissant
[크후아쌍]

외플
gaufre
[고프흐]

타르트
tarte
[따흐뜨]

프렌치토스트
pain perdu
[뺑 뻬흐뒤]

크레페
crêpe
[크헤쁘]

바게트
baguette
[바게뜨]

## 문제가 생겼어요

**더 기다려야 하나요?**

Dois-je encore attendre?

두아쥬 앙꼬흐 아땅드흐?

**저기로 옮겨도 돼요?**

Puis-je me déplacer là?

쀠이쥬 므 데쁠라쎄 라?

**이건 제가 주문한 게 아닌데요.**

Ce n'est pas ce que j'ai commandé.

쓰네빠 쓰끄 줴 꼬망데

**포크를 떨어뜨렸어요.**

J'ai fait tomber ma fourchette.

줴페 똥베 마 푸흐쉐뜨

> Tip
> 포크 fourchette [푸흐쉐뜨]
> 스푼 cuillère [뀌이에흐]
> 나이프 couteau [꾸또]

**머리카락이 나왔어요.**

J'ai trouvé un cheveu.

줴 트후베 앵 슈뵈

## ✈ 계산하기

**계산서 주세요.**
L'addition, s'il vous plaît.
라디씨옹 씰부쁠레

**계산을 따로 할게요.**
Nous allons payer séparément.
누잘롱 뻬이에 쎄빠헤망

**전부 얼마예요?**
Ça fait combien en tout?
싸페 꽁비앵 앙뚜?

**거스름돈을 잘못 주신 것 같아요.**
Vous vous êtes trompé(e) en me rendant la monnaie.
부부젯 트홍뻬 앙므항당 라 모네

**합계가 잘못됐어요.**
Il y a une erreur dans l'addition.
일리아 위네훼흐 당 라디씨옹

### 팁이 포함된 금액이에요?
Le pourboire est compris?

르 뿌흐부아흐 에 꽁프히?

### 이 금액은 뭐죠?
Ce prix correspond à quoi?

쓰프히 꼬헤스뽕 아꾸아?

### 선불인가요?
Faut-il payer à l'avance?

포띨 뻬이에 아 라방쓰?

### 🔊 어떻게 지불하실 건가요?
Comment voulez-vous payer?

꼬망 불레부 뻬이에?

### 신용카드로 지불할 수 있나요?
Puis-je payer avec une carte de crédit?

쀠이쥬 뻬이에 아벡 윈꺄흐뜨 드 크헤디?

## ✈️ 커피숍에서

**아이스커피 한 잔 주세요.**

# Un café glacé, s'il vous plaît.

앵 꺄페 글라쎄 씰부쁠레

> **Tip** 한 개 un [앵]
> 두 개 deux [되]
> 세 개 trois [트후아]

**어떤 사이즈로 드려요?**

# Quelle taille voulez-vous?

껠 따이으 불레부?

**톨 사이즈로 주세요.**

# Une grande, s'il vous plaît.

윈 그항드 씰부쁠레

> **Tip** 스몰 사이즈 petite taille [쁘띠뜨 따이으]
> 톨 사이즈 grande taille [그항드 따이으]

**여기에서 드세요, 가지고 가세요?**

# Sur place ou à emporter?

쒸흐 쁠라쓰 우 아 앙뽀흐떼?

**가지고 갈 거예요.**

# A emporter, s'il vous plaît.

아 앙뽀흐떼 씰부쁠레

# 프랑스어 숫자 읽기

| 숫자 | 프랑스어 | 발음 |
|---|---|---|
| 1 | un | [앵] |
| 2 | deux | [되] |
| 3 | trois | [트후아] |
| 4 | quatre | [꺄트흐] |
| 5 | cinq | [쌩끄] |
| 6 | six | [씨쓰] |
| 7 | sept | [쎄뜨] |
| 8 | huit | [위이뜨] |
| 9 | neuf | [뇌프] |
| 10 | dix | [디쓰] |
| 11 | onze | [옹즈] |
| 12 | douze | [두즈] |
| 13 | treize | [트헤즈] |
| 14 | quatorze | [꺄또흐즈] |
| 15 | quinze | [깽즈] |
| 16 | seize | [쎄즈] |
| 17 | dix-sept | [디쎄뜨] |
| 18 | dix-huit | [디쥐이뜨] |
| 19 | dix-neuf | [디즈뇌프] |
| 20 | vingt | [뱅] |
| 30 | trente | [트항뜨] |
| 40 | quarante | [꺄항뜨] |
| 50 | cinquante | [쌩깡뜨] |
| 60 | soixante | [쑤아쌍뜨] |
| 70 | soixante-dix | [쑤아쌍뜨 디쓰] |
| 80 | quatre-vingts | [꺄트흐뱅] |
| 90 | quatre-vingt-dix | [꺄트흐뱅 디쓰] |
| 100 | cent | [쌍] |
| 200 | deux cents | [되쌍] |
| 300 | trois cents | [트후아쌍] |
| 400 | quatre cents | [꺄트흐쌍] |
| 500 | cinq cents | [쌩쌍] |
| 600 | six cents | [씨쌍] |
| 700 | sept cents | [쎄뜨쌍] |
| 800 | huit cents | [위이쌍] |
| 900 | neuf cents | [뇌프쌍] |
| 1,000 | mille | [밀] |
| 10,000 | dix mille | [디밀] |
| 100,000 | cent mille | [쌍밀] |

## ✈ 술집에서

🎙 **뭐 드시겠어요?**
### Que désirez-vous?
끄 데지헤 부?

**생맥주 한 잔 주세요.**
### Une bière pression, s'il vous plaît.
윈비에흐 프헤씨옹 씰부쁠레

**와인 주세요.**
### Du vin, s'il vous plaît.
뒤뱅 씰부쁠레

> **Tip** 레드 와인 vin rouge [뱅 후쥬]
> 화이트 와인 vin blanc [뱅 블랑]
> 로제 와인 vin rosé [뱅 호제]

**한 잔 더 주세요.**
### Un autre verre, s'il vous plaît.
애노트흐 베흐 씰부쁠레

**건배!**
### Santé!
쌍떼

# 콩코르드 광장 Place de la Concorde

콩코르드 광장은 파리에서 가장 크고 역사 깊은 광장으로,
어두운 역사를 넘어 평화와 화합으로
나가자는 프랑스의 염원이 담겨 있는 곳이다.

## ✈ 관광하기

**관광 안내소는 어디에 있어요?**
# Où est l'office de tourisme?
우에 로피쓰 드 뚜히즘?

**구경하기 좋은 곳은 어디예요?**
# Quels sont les endroits à visiter?
껠쏭 레 장드후아 아 비지떼?

**걸어서 갈 수 있는 거리인가요?**
# C'est accessible à pied?
쎄 딱쎄씨블르 아삐에?

**나이트 투어는 있나요?**
# Avez-vous une visite nocturne?
아베부 윈 비지뜨 녹뛰흔느?

**시내 투어에 참가하고 싶은데요.**
# Je voudrais participer à une visite organisée de la ville.
쥬부드헤 빠흐띠씨뻬 아 윈 비지뜨 오흐가니제 드 라 빌르

# ✈️ 관광 명소 구경하기

**입장료는 얼마예요?**
## Combien coûte l'entrée?
꽁비앵 꾸뜨 랑트헤?

**몇 시에 폐관해요?**
## C'est fermé à quelle heure?
쎄 페흐메 아껠뤠흐?

**짐 맡기는 곳이 있나요?**
## Y a-t-il une consigne?
이아띨 윈 꽁씬뉴?

**들어가려면 얼마나 기다려야 해요?**
## Combien de temps faut-il attendre pour entrer?
꽁비앵드땅 포띨 아땅드흐 뿌흐 앙트헤?

**팸플릿 있나요?**
## Avez-vous une brochure?
아베부 윈 브호쉬흐?

## ✈ 사진 찍기

### 사진 좀 찍어 주시겠어요?
**Pourriez-vous me prendre en photo?**
뿌히에부 므 프항드흐 앙포또?

### 같이 사진 찍을 수 있어요?
**Est-ce qu'on peut prendre une photo ensemble?**
에스꽁쁴 프항드흐 윈포또 앙쌍블르?

### 당신 사진을 찍어도 될까요?
**Puis-je prendre une photo de vous?**
쀠이쥬 프항드흐 윈포또 드 부?

### 여기에서 사진을 찍어도 돼요?
**Puis-je prendre une photo ici?**
쀠이쥬 프항드흐 윈포또 이씨?

### 사진 찍어 드릴까요?
**Voulez-vous que je prenne une photo de vous?**
불레부 끄 쥬프헨느 윈포또 드 부?

**이 버튼을 누르시면 돼요.**

Appuyez sur ce bouton.

아쀠이에 쒸흐 쓰 부똥

**준비됐어요?**

Vous êtes prêt(e)?

부젯 프헤(뜨)?

**'치즈' 하세요!**

Ouistiti!

위스띠띠

**카메라를 보세요.**

Regardez l'appareil photo.

흐갸흐데 라빠헤이 포또

**한 장 더 부탁드려요.**

Une autre, s'il vous plaît.

위노트흐 씰부쁠레

# 공연 관람하기

### 지금 어떤 것이 상연 중인가요?
Quels sont les spectacles actuellement à l'affiche?

껠쏭레 스뻭따끌르 악뛰엘르망 아 라피슈?

### 다음 공연은 몇 시예요?
A quelle heure commence la prochaine séance?

아껠뤠흐 꼬망쓰 라 프호쉔 쎄앙쓰?

### 공연 시간은 얼마나 돼요?
Combien de temps dure le spectacle?

꽁비앵드땅 뒤흐 르 스뻭따끌르?

### 영어 자막이 있나요?
Est-ce sous-titré en anglais?

에쓰 쑤띠트헤 아낭글래?

### 주연 배우가 누구예요?
Qui est l'acteur principal?

끼에 락뙤흐 프행씨빨?

# 스포츠 관람하기

**어느 팀과 어느 팀의 경기인가요?**
Le match oppose quelles équipes?
르 마취 오뽀즈 껠제끼쁘?

**지금 표를 살 수 있나요?**
Puis-je acheter un billet maintenant?
쀠이쥬 아슈떼 앵비이애 맹뜨낭?

**죄송합니다. 매진됐습니다.**
Excusez-moi. C'est complet.
엑쓰뀌제무아 쎄 꽁쁠레

**예약했는데요.**
J'ai réservé.
줴 헤제흐베

**파이팅!**
Bon courage!
봉 꾸하쥬!

### 몽블랑 mont-blanc

몽블랑은 이탈리아와 프랑스에서
처음으로 만들기 시작한 케이크의
한 종류로, '하얀 산'이라는
뜻을 가지고 있다.
밤을 주재료로, 하얀 슈가 파우더와
밤 크림으로 만든다.

발음 듣기용　　회화 연습용

# 9 쇼핑하기

## 가장 많이 쓰는 표현 Best 3

**❶**
입어 봐도 돼요?
**Puis-je essayer?**

**❷**
이거 얼마예요?
**Ça coûte combien?**

**❸**
이것 좀 보여 주세요.
**Montrez-moi ceci, s'il vous plaît.**

## 물건 살펴보기

**도와드릴까요?**
### Je peux vous aider?
쥬쁴 부 제데?

**그냥 둘러보는 중이에요.**
### Je regarde seulement.
쥬흐갸흐드 쐴르망

**기념품을 찾고 있는데요.**
### Je cherche des souvenirs.
쥬쉐흐슈 데 쑤브니흐

**저거 볼 수 있어요?**
### Je peux voir ça?
쥬쁴 부아흐 싸?

**이것 좀 보여 주세요.**
### Montrez-moi ceci, s'il vous plaît.
몽트헤무아 쓰씨 씰부쁠레

**다른 것도 보여 주세요.**

Je voudrais aussi voir quelque chose d'autre.

쥬부드헤 오씨 부아흐 껠끄쇼즈 도트흐

**입어 봐도 돼요?**

Puis-je essayer?

쀠이쥬 에쎄이에?

**이거 세일해요?**

C'est en solde?

쎄땅 쏠드?

**색깔은 어떤 것이 있나요?**

Quelles couleurs avez-vous?

껠꿀뤠흐 아베부?

**좀 더 싼 걸 보여 주세요.**

Montrez-moi ce qui est moins cher.

몽트헤무아 쓰끼에 무앵쉐흐

# 단어만 알아도 통한다!

| 빨간색 | **rouge** 후쥬 | 파란색 | **bleu** 블뢰 |

| 노란색 | **jaune** 존 | 초록색 | **vert** 베흐 |

| 분홍색 | **rose** 호즈 | 보라색 | **violet** 비올레 |

| 갈색  | **brun** 브횡 | 주황색  | **orange** 오항쥬 |

| 베이지  | **beige** 배쥬 | 회색  | **gris** 그히 |

| 흰색  | **blanc** 블랑 | 검은색 | **noir** 누아흐 |

| 크다 | **grand** 그항 | 작다 | **petit** 쁘띠 |
|---|---|---|---|
| 길다 | **long** 롱 | 짧다 | **court** 꾸흐 |
| 꽉 끼다 | **serré** 쎄헤 | 헐렁하다 | **large** 라흐쥬 |
| (디자인이) 소박하다 | **simple** 쌩쁠르 | (색,무늬가) 요란하다 | **voyant** 부아이앙 |
| (색이) 밝다 | **clair** 끌래흐 | (색이) 어둡다 | **foncé** 퐁쎄 |
| 비싸다 | **cher** 쉐흐 | 싸다 | **bon marché** 봉마흐쉐 |

## 물건 사기

**이거 얼마예요?**

Ça coûte combien?

싸꾸뜨 꽁비앵?

**너무 비싸네요.**

C'est trop cher.

쎄 트호 쉐흐

**좀 할인해 줄 수 없나요?**

Vous ne pouvez pas baisser le prix?

부느뿌베빠 배쎄 르 프히?

**깎아 주시면 살게요.**

Si vous me faites une réduction, je l'achèterai.

씨 부므패뜨 원헤뒥씨옹 쥬 라쉐뜨헤

**이거 세일 금액인가요?**

Est-ce que c'est le prix soldé?

에스끄 쎄 르 프히 쏠데?

**이 할인 쿠폰을 사용할 수 있을까요?**

# Puis-je utiliser ce coupon de réduction?

쀠이쥬 위띨리제 쓰꾸뽕 드 헤뒥씨옹?

**이거 면세되나요?**

# Puis-je bénéficier de la détaxe sur ce produit?

쀠이쥬 베네피씨에 드라 데딱쓰 쒸흐 쓰 프호뒤이?

**이걸로 주세요.**

# Donnez-moi ceci, s'il vous plaît.

도네무아 쓰씨 씰부쁠레

**포장해 주세요.**

# Emballez-le, s'il vous plaît.

앙발레 르 씰부쁠레

**신용카드로 지불해도 되나요?**

# Puis-je payer avec une carte de crédit?

쀠이쥬 뻬이에 아벡 윈까흐뜨 드 크헤디?

쇼핑하기

## 옷 사기

**의류 매장이 어디에 있나요?**

Où se trouve le rayon de vêtements?

우쓰 트후브 르 헤이옹 드 베뜨망?

**치마를 사려고 하는데요.**

Je voudrais acheter une jupe.

쥬부드헤 아슈떼 윈쥐쁘

**사이즈가 어떻게 되세요?**

Vous faites quelle taille?

부페뜨 껠 따이으?

**M 사이즈로 주세요.**

Donnez-moi une taille M.

도네무아 윈따이으 엠

**탈의실은 어디예요?**

Où est la cabine d'essayage?

우에 라 까빈 데쎄이야쥬?

**잘 맞네요.**

# Ça me va bien.

싸므바 비앵

**좀 커요.**

# C'est un peu grand.

쎄 땡쁘 그항

**너무 커요.**

# C'est trop grand.

쎄 트호 그항

**좀 꽉 껴요.**

# Ça me serre un peu.

싸므쎄흐 앵쁘

**너무 헐렁해요.**

# C'est trop large.

쎄 트호 라흐쥬

**좀 더 작은 걸로 보여 주세요.**

Montrez-moi la taille au-dessous.

몽트헤무아 라 따이으 오드쑤

**다른 스타일은 없나요?**

Vous n'avez pas d'autres styles?

부나베빠 도트흐 스띨?

**다른 색상은 없나요?**

Vous n'avez pas d'autres couleurs?

부나베빠 도트흐 꿀뤠흐?

**똑같은 걸로 검은색 있나요?**

Avez-vous ce modèle en noir?

아베부 쓰모델 앙 누아흐?

**어느 게 더 나아 보여요?**

Lequel me va le mieux?

르껠 므바 르뮤?

# 단어만 알아도 통한다!

 치마 **jupe**
쥐쁘

 원피스 **robe**
호브

 바지 **pantalon**
빵딸롱

 청바지 **jean**
진

 반팔 **à manches courtes**
아 망슈 꾸흐뜨

 후드 티셔츠 **t-shirt à capuche**
띠쉐흐뜨 아 까쀠슈

 재킷 **veste**
베스뜨

 스카프 **foulard**
풀라흐

## 신발 사기

**운동화를 찾고 있어요.**

Je cherche des chaussures de sport.

쥬쉐흐슈 데 쇼쒸흐 드 스뽀흐

**발 사이즈가 어떻게 되세요?**

Quelle pointure faites-vous?

껠 뿌앵뛰흐 페뜨부?

**38입니다.**

Je fais du 38.

쥬페뒤 트항뛰이뜨

Tip
36 trente-six [트항뜨 씨쓰]
37 trente-sept [트항뜨 쎄뜨]
38 trente-huit [트항뛰이뜨]
42 quarante-deux [까항뜨 되]
43 quarante-trois [까항뜨 트후아]
44 quarante-quatre [까항뜨 까트흐]

**이걸 한번 신어 보세요.**

Essayez ceci.

에쎄이에 쓰씨

**조금 조여요.**

Ça me serre un peu.

싸므쎄흐 앵뾔

# 단어만 알아도 통한다!

| 운동화 | **chaussure de sport** |
|---|---|
| | 쇼쒸흐 드 스뽀흐 |

| 구두 | **soulier** |
|---|---|
| | 쑬리에 |

| 하이힐 | **talon haut** |
|---|---|
| | 딸롱오 |

| 샌들 | **sandale** |
|---|---|
| | 쌍달 |

| 슬리퍼 | **pantoufle** |
|---|---|
| | 빵뚜플 |

| 부츠 | **botte** |
|---|---|
| | 보뜨 |

| 양말 | **chaussette** |
|---|---|
| | 쇼쎄뜨 |

| 스타킹 | **bas** |
|---|---|
| | 바 |

## 화장품 사기

**화장품 코너는 어디에 있나요?**

Où se trouve le rayon cosmétique?

우쓰 트후브 르 헤이옹 꼬쓰메띠끄?

**립스틱을 찾고 있는데요.**

Je cherche un rouge à lèvres.

쥬쉐흐슈 앵 후쥬 아 레브흐

**샘플 발라 봐도 되나요?**

Puis-je appliquer l'échantillon?

쀠이쥬 아쁠리께 레샹띠이옹?

**저한테는 어울리지 않네요.**

Ça ne me va pas bien.

싸느므바빠 비앵

**저는 민감성 피부예요.**

J'ai une peau sensible.

줴 윈뽀 쌍씨블르

> Tip
> **민감성 피부** Peau sensible [뽀 쌍씨블르]
> **건성 피부** Peau sèche [뽀 쎄슈]
> **지성 피부** Peau grasse [뽀 그하쓰]
> **복합성 피부** Peau mixte [뽀 믹쓰뜨]

# 단어만 알아도 통한다!

스킨 — **lotion**
로씨옹

수분 크림 — **crème hydratante**
크헴 이드하땅뜨

향수 — **parfum**
빠흐푕

아이라이너 — **crayon yeux**
크헤이옹 이외

파운데이션 — **fond de teint**
퐁드땡

아이섀도 — **ombre à paupières**
옹브흐 아 뽀삐에흐

립스틱 — **rouge à lèvres**
후쥬 아 레브흐

매니큐어 — **vernis à ongles**
베흐니 아 옹글르

# 슈퍼마켓에서

**과일은 어디에 있나요?**

Où sont les fruits?

우 쏭 레 프휘이?


**쇼핑카트는 어디에 있어요?**

Où est le chariot?

우 에 르 샤히오?


**왼쪽에 있어요. / 오른쪽에 있어요.**

A gauche. / A droite.

아 고슈          아 드후아뜨


**다 팔렸어요?**

Tout est vendu?

뚜떼 방뒤?


**얼마예요?**

C'est combien?

쎄 꽁비앵?

# ✈ 교환과 환불

**이거 반품하고 싶은데요.**
## Je voudrais retourner ça.
쥬부드헤 흐뚜흐네 싸

**환불할 수 있어요?**
## Pouvez-vous me rembourser?
뿌베부 므 항부흐쎄?

**사이즈를 바꿔 주세요.**
## Je voudrais changer de taille.
쥬부드헤 샹줴드 따이으

**전혀 작동하지 않아요.**
## Ça ne marche pas du tout.
싸느 마흐슈 빠뒤뚜

**영수증 있으세요?**
## Avez-vous le reçu?
아베부 르 흐쒸?

### 콜마르 Colmar

프랑스 알자스 지방은 오래전부터 포도주가 유명했는데,
콜마르는 포도주를 거래하는 중심지였다.
시내에는 로슈 강이 흐르는데 '작은 베니스(리틀 베니스)'로 불리운다.
또한 이곳의 올드타운은 '하울의 움직이는 성'의 배경이 되기도 했다.

발음 듣기용 | 회화 연습용

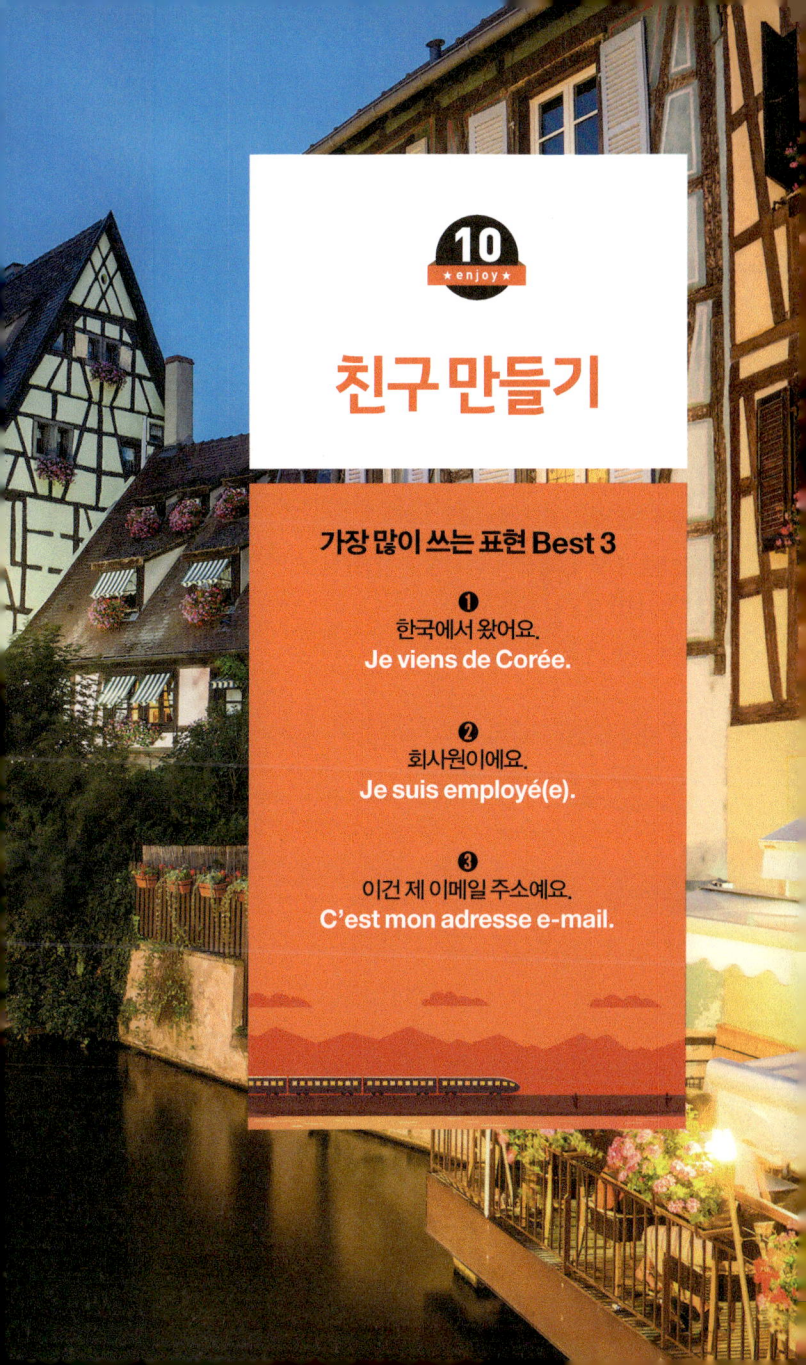

# 10 ★enjoy★

# 친구 만들기

## 가장 많이 쓰는 표현 Best 3

❶
한국에서 왔어요.
**Je viens de Corée.**

❷
회사원이에요.
**Je suis employé(e).**

❸
이건 제 이메일 주소예요.
**C'est mon adresse e-mail.**

## ✈ 말문 떼기

**만나서 반가워요.**
Enchanté(e).
앙샹떼

**누군가를 기다리고 계세요?**
Est-ce que vous attendez quelqu'un?
에스끄 부 자땅데 껠깽?

**여기 참 멋진 곳이네요.**
C'est génial ici.
쎄 줴니알 이씨

**날씨가 좋네요.**
Il fait beau.
일 페 보

**어디에서 오셨어요?**
D'où venez-vous?
두 브네부?

## ✈️ 자기소개 하기

**제 이름은 최수지예요.**
# Je m'appelle Suji Choi.
쥬마뻴 수지 최

**한국에서 왔어요.**
# Je viens de Corée.
쥬비엥 드 꼬헤

**파리는 처음이에요.**
# C'est la première fois que je viens à Paris.
쎄 라 프흐미에흐 푸아 끄 쥬비엥 아 빠히

> **Tip** 처음 première fois [프흐미에흐 푸아]
> 두 번째 deuxième fois [되지엠므 푸아]
> 세 번째 troisième fois [트후아지엠므 푸아]

**대학생이에요.**
# Je suis étudiant(e).
쥬쒸이 제뛰디앙(뜨)

**회사원이에요.**
# Je suis employé(e).
쥬쒸이 장쁠루아이에

친구만들기

## ✈ 칭찬하기

**귀여워요.**
### C'est mignon.
쎄 미뇽

**참 잘생기셨어요.**
### Je vous trouve très beau.
쥬 부 트후브 트헤 보

**젊어 보이세요.**
### Vous avez l'air jeune.
부자베 래흐 죈

**그거 정말 좋은데요.**
### C'est très bien.
쎄 트헤 비앵

**대단한데요.**
### C'est génial.
쎄 쥬니알

## ✈ 연락처 주고받기

**또 연락을 하고 싶어요.**
J'aimerais rester en contact avec vous.
쥄므헤 헤스떼 앙 꽁딱뜨 아베끄 부

**이메일 주소 좀 가르쳐 주시겠어요?**
Pouvez-vous me donner votre adresse e-mail?
뿌베부 므 도네 보트흐 아드헤쓰 이메일?

**이건 제 이메일 주소예요.**
C'est mon adresse e-mail.
쎄 모나드헤쓰 이메일

**적어 주시겠어요?**
Pouvez-vous m'écrire?
뿌베부 메크히흐?

**페이스북 계정이 있으세요?**
Avez-vous un compte Facebook?
아베부 앵 꽁뜨 페이스북?

### 양파 수프 soupe à l'oignon

양파 수프는 양파와 쇠고기 육즙이나 육수로 수프를 끓이고
크루통(러스크를 정사각형으로 자른것)과 치즈를 얹은 프랑스 전통 음식이다.
바게트와 함께 먹으면 맛있다.

# 11 ★enjoy★
# 긴급 상황 발생

## 가장 많이 쓰는 표현 Best 3

❶
지갑을 도둑맞았어요.
On m'a volé mon portefeuille.

❷
여권을 잃어버렸어요.
J'ai perdu mon passeport.

❸
경찰을 불러 주세요.
Appelez la police, s'il vous plaît.

## ✈ 도움 청하기

**사람 살려!**
# Au secours!
오 쓰꾸흐!

**불이야!**
# Au feu!
오 푀!

**조심하세요!**
# Attention!
아땅씨옹!

**도둑이야!**
# Au voleur!
오 볼뤠흐!

**저놈 잡아라!**
# Arrêtez cet homme!
아헤떼 쎄똠므!

**지갑을 도둑맞았어요.**

On m'a volé mon portefeuille.

옹마볼레 몽 뽀흐뜨풰이으

**문제가 생겼어요.**

J'ai un problème.

줴 앵 프호블렘

**한국어 할 줄 아는 사람 있나요?**

Y a-t-il quelqu'un qui parle coréen?

이아띨 껠깽 끼 빠흘르 꼬헤앵?

**경찰서가 어디죠?**

Où est le commissariat de police?

우에 르 꼬미싸히아 드 뽈리쓰?

**이 주소로 데려다주세요.**

Amenez-moi à cette adresse.

아므네무아 아쎄 따드헤쓰

## 단어만 알아도 통한다!

| 경찰서 | **commissariat de police** 꼬미싸히아 드 뽈리쓰 |

| 경찰 | **police** 뽈리쓰 |

| 병원 | **hôpital** 오삐딸 |

| 구급차 | **ambulance** 앙뷜랑쓰 |

| 의사 | **médecin** 메드쌩 |

| 약국 | **pharmacie** 파흐마씨 |

| 소방서 | **caserne de pompiers** 까제흔느 드 뽕삐에 |

| 대사관 | **ambassade** 앙바싸드 |

## ✈ 도난당하거나 분실했을 때

**핸드폰을 잃어버렸어요.**
J'ai perdu mon téléphone portable.
쉐 뻬흐뒤 몽 뗄레폰 뽀흐따블르

**여권을 잃어버렸어요.**
J'ai perdu mon passeport.
쉐 뻬흐뒤 몽 빠쓰뽀흐

**지갑을 도둑맞았어요.**
On m'a volé mon portefeuille.
옹마볼레 몽 뽀흐뜨페이으

**가방을 찾을 수가 없어요.**
Je ne peux pas trouver mon sac.
쥬느쁴빠 트후베 몽싹

**가방을 기차에 두고 내렸어요.**
J'ai laissé mon sac dans le train.
쉐 레쎄 몽싹 당르 트행

**여기에서 지갑 못 보셨어요?**

Vous n'avez pas vu de portefeuille ici?

부나베빠 뷔 드 뽀흐뜨페이으 이씨?

**어디에서 잃어버렸습니까?**

Où avez-vous perdu?

우 아베부 뻬흐뒤?

**어디에서 잃어버렸는지 모르겠어요.**

Je ne sais pas où j'ai perdu.

쥬느쎄빠 우 줴 뻬흐뒤

**분실 신고서를 써 주세요.**

Remplissez ce formulaire de déclaration de perte.

항쁠리쎄 쓰 포흐밀레흐 드 데끌라하씨옹 드 뻬흐뜨

**찾으면 여기로 연락 주세요.**

Si vous le retrouvez, appelez-moi à ce numéro.

씨 부 르 흐트후베 아쁠레무아 아쓰뉘메호

## ✈️ 교통사고가 났을 때

**경찰을 불러 주세요.**

Appelez la police, s'il vous plaît.

아쁠레 라 뽈리쓰 씰부쁠레

**구급차를 불러 주세요.**

Appelez une ambulance, s'il vous plaît.

아쁠레 위낭뷜랑쓰 씰부쁠레

**의사를 빨리 데려와 주세요.**

Faites venir un médecin au plus vite, s'il vous plaît.

페뜨브니흐 앵메드쌩 오쁠뤼비드 씰부쁠레

**교통사고가 났어요.**

Il y a un accident de la route.

일리아 애낙씨당 드라 후뜨

**차에 치였어요.**

J'ai été heurté(e) par une voiture.

줴에떼 웨흐떼 빠흐윈 부아뛰흐

# ✈ 아플 때

**여기가 아파요.**

J'ai mal ici.

줴말 이씨

**너무 아파서 움직일 수가 없어요.**

Je suis tellement malade que je ne peux pas bouger.

쥬쒸이 뗄르망 말라드 끄 쥬느뾔빠 부줴

**피가 나요.**

Ça saigne.

싸 쎈뉴

**열이 좀 있어요.**

J'ai un peu de fièvre.

줴 앵뾔드 피에브흐

**설사를 해요.**

J'ai la diarrhée.

줴 라 디아헤

# 단어만 알아도 통한다!

| 아픈 | **malade** |
| --- | --- |
| | 말라드 |

| 현기증 | **vertige** |
| --- | --- |
| | 베흐띠쥬 |

| 오한 | **frisson** |
| --- | --- |
| | 프히쏭 |

| 가려움 | **démangeaison** |
| --- | --- |
| | 데망줴종 |

| 부어오름 | **gonflement** |
| --- | --- |
| | 공플르망 |

| 출혈 | **hémorragie** |
| --- | --- |
| | 에모하쥐 |

| 감염 | **infection** |
| --- | --- |
| | 앵펙씨옹 |

| 염좌, 삠 | **torsion** |
| --- | --- |
| | 또흐씨옹 |

# 스피드 인덱스

## 자주 쓰는 표현 BEST 30

| | |
|---|---|
| 감사합니다. | 11 |
| 미안해요. | 11 |
| 저기요. | 11 |
| 아니요, 괜찮아요. | 11 |
| 네, 부탁해요. | 11 |
| 잘 모르겠어요. | 12 |
| 프랑스어는 전혀 못해요. | 12 |
| 뭐라고요? | 12 |
| 좀 더 천천히 말씀해 주세요. | 12 |
| 얼마예요? | 12 |
| 그냥 둘러보는 중이에요. | 13 |
| 할인해 주세요. | 13 |
| 입어 봐도 돼요? | 13 |
| 이거 주세요. | 13 |
| 환불하고 싶어요. | 13 |
| 포장해 주시겠어요? | 14 |
| 거기에 어떻게 가요? | 14 |
| 얼마나 걸려요? | 14 |
| 여기에서 멀어요? | 14 |
| 가장 가까운 역이 어디예요? | 14 |
| 어디에서 갈아타요? | 15 |
| 택시를 불러 주세요. | 15 |
| 꽁꼬르드 호텔로 가 주세요. | 15 |
| 여기가 어디예요? | 15 |
| 예약했는데요. | 15 |
| 사진을 찍어 주시겠어요? | 16 |
| 화장실이 어디예요? | 16 |
| 이걸로 할게요. | 16 |
| 물 한 잔 주세요. | 16 |
| 계산서 주세요. | 16 |

## 기초회화 Pattern 8

### ~ 주세요
| | |
|---|---|
| 물 좀 주세요. | 18 |
| 한 잔 더 주세요. | 18 |
| 메뉴판 좀 주세요. | 18 |
| 영수증 주세요. | 18 |
| 창가 쪽 자리로 주세요. | 18 |

### ~은 어디예요?
| | |
|---|---|
| 버스 정류장은 어디예요? | 19 |
| 화장실은 어디예요? | 19 |
| 매표소는 어디예요? | 19 |
| 피팅룸은 어디예요? | 19 |
| 가장 가까운 편의점은 어디예요? | 19 |

### ~ 찾고 있는데요
| | |
|---|---|
| 기차역을 찾고 있는데요. | 20 |
| 방 열쇠를 찾고 있는데요. | 20 |
| 안내소를 찾고 있는데요. | 20 |
| 쇼핑몰을 찾고 있는데요. | 20 |
| 여행 선물을 찾고 있는데요. | 20 |

### ~이 필요해요
| | |
|---|---|
| 담요가 필요해요. | 21 |
| 뜨거운 물 한 잔이 필요해요. | 21 |
| 통역관이 필요해요. | 21 |
| 지도가 필요해요. | 21 |
| 당신의 도움이 필요해요. | 21 |

### ~하고 싶어요
| | |
|---|---|
| 이것 좀 보고 싶어요. | 22 |
| 저걸 먹고 싶어요. | 22 |
| 거기 가고 싶어요. | 22 |

| | |
|---|---|
| 예약하고 싶어요. | 22 |
| 환불하고 싶어요. | 22 |

## ~ 있어요?
| | |
|---|---|
| 빈방 있어요? | 23 |
| 두 사람 테이블 있어요? | 23 |
| 똑같은 걸로 검은색 있어요? | 23 |
| 다른 스타일 있어요? | 23 |
| 더 싼 거 있어요? | 23 |

## ~해 주시겠어요?
| | |
|---|---|
| 천천히 말씀해 주시겠어요? | 24 |
| 다시 한번 말씀해 주시겠어요? | 24 |
| 길 좀 알려 주시겠어요? | 24 |
| 저 좀 도와주시겠어요? | 24 |
| 택시 좀 불러 주시겠어요? | 24 |

## ~해도 돼요?
| | |
|---|---|
| 입어 봐도 돼요? | 25 |
| 여기에서 사진 찍어도 돼요? | 25 |
| 들어가도 돼요? | 25 |
| 자리를 바꿔도 돼요? | 25 |
| 이거 써도 돼요? | 25 |

# 1. 초간단 기본표현

## 인사하기
| | |
|---|---|
| 안녕하세요. | 28 |
| 안녕. | 28 |
| 안녕히 주무세요. | 28 |
| 처음 뵙겠습니다. | 28 |
| 안녕히 가세요. | 29 |
| 또 만나요. | 29 |
| 나중에 봐요. | 29 |
| 좋은 하루 보내세요. | 29 |
| 행운을 빌어요. | 29 |

## 감사 인사
| | |
|---|---|
| 감사합니다. | 30 |
| 정말 감사합니다. | 30 |
| 천만에요. | 30 |
| 도와주셔서 감사합니다. | 30 |
| 와 주셔서 감사합니다. | 30 |

## 사과하기
| | |
|---|---|
| 미안합니다. | 31 |
| 정말 죄송합니다. | 31 |
| 늦어서 미안해요. | 31 |
| 어쩔 수 없었어요. | 31 |
| 제 잘못이에요. | 31 |

## 긍정 표현
| | |
|---|---|
| 좋아요. | 32 |
| 알겠습니다. | 32 |
| 물론이죠. | 32 |
| 저도 그렇게 생각해요. | 32 |
| 맞아요. | 32 |

## 부정 표현
| | |
|---|---|
| 아니요, 그렇지 않아요. | 33 |
| 그렇게 생각 안 해요. | 33 |
| 유감이군요. | 33 |
| 아니요, 됐어요. | 33 |
| 잘 모르겠어요. | 33 |

### 도움 청하기

| | |
|---|---|
| 좀 도와주시겠어요? | 34 |
| 부탁해도 될까요? | 34 |
| 잠깐 시간 괜찮으세요? | 34 |
| 말씀 중에 죄송합니다. | 34 |
| 제 가방 좀 봐 주시겠어요? | 34 |

### 프랑스어를 못해요

| | |
|---|---|
| 프랑스어를 못해요. | 35 |
| 잘 모르겠어요. | 35 |
| 좀 더 천천히 말씀해 주세요. | 35 |
| 한 번 더 말씀해 주세요. | 35 |
| 여기에 적어 주세요. | 35 |

## 2. 기내에서

### 자리 찾기

| | |
|---|---|
| 제 자리를 찾고 있는데요. | 38 |
| 탑승권을 보여 주시겠습니까? | 38 |
| 이쪽으로 오세요. | 38 |
| 좀 지나갈게요. | 38 |
| 거기는 제 자리인데요. | 38 |

### 승무원에게 필요한 것 말하기

| | |
|---|---|
| 저기요. | 39 |
| 담요 좀 주세요. | 39 |
| 베개 좀 주세요. | 39 |
| 면세품 살 수 있어요? | 39 |
| 뭐 마실 것 좀 주시겠어요? | 39 |

### 기내식 먹기

| | |
|---|---|
| 식사 때 깨워 주세요. | 41 |
| 식사는 필요 없어요. | 41 |
| 쇠고기와 생선 중 어느 것으로 하시겠습니까? | 41 |
| 쇠고기 주세요. | 41 |
| 앞 테이블을 내려 주시겠어요? | 41 |
| 커피 드릴까요, 차 드릴까요? | 42 |
| 음료는 뭐가 있나요? | 42 |
| 물도 한 컵 주세요. | 42 |
| 한 잔 더 주시겠어요? | 42 |
| 식사 다 하셨습니까? | 42 |

### 기내에서 아플 때

| | |
|---|---|
| 몸이 안 좋아요. | 44 |
| 배가 아파요. | 44 |
| 두통약 있어요? | 44 |
| 멀미약 좀 주세요. | 44 |
| 구토 봉투 있어요? | 44 |

## 3. 공항에서

### 탑승 수속하기

| | |
|---|---|
| 국제선 터미널은 어디예요? | 48 |
| 부치실 짐이 있습니까? | 48 |
| 어느 게이트로 가면 돼요? | 48 |
| 곧 탑승을 시작하겠습니다. | 48 |
| 좌석은 통로쪽, 창가쪽 어디로 하시겠습니까? | 48 |

### 입국 심사

| | |
|---|---|
| 여권을 보여 주시겠어요? | 49 |
| 여기요. | 49 |
| 방문 목적은 무엇입니까? | 49 |
| 관광차 왔어요. | 49 |
| 사업 때문에 왔습니다. | 49 |

어디에 머물 예정인가요? 50
그랜드 호텔에서요. 50
친구네 집에서요. 50
얼마나 머물 예정입니까? 50
5일간이요. 50

### 수하물 찾기
짐은 어디에서 찾나요? 52
무슨 항공편으로 오셨나요? 52
좀 도와주세요. 52
제 짐을 찾을 수가 없어요. 52
제 짐이 아직 안 나왔어요. 52

### 세관 검사
신고하실 물품이 있습니까? 53
아니요, 없습니다. 53
가방 안에는 뭐가 있죠? 53
개인적인 용품들이에요. 53
가방을 열어 주시겠어요? 53

### 환전하기
환전하는 곳은 어디예요? 54
환전하려고 하는데요. 54
달러를 유로로 환전할 수 있나요? 54
돈은 어떻게 드릴까요? 54
10유로와 50유로로 주세요. 54

## 4. 호텔에서

### 체크인 하기
지금 체크인 할 수 있어요? 58
예약은 하셨나요? 58
네, 제 이름은 최수지입니다. 58
이 서류를 작성해 주세요. 58
여기, 방 열쇠입니다. 58

### 숙소를 예약하지 않았을 때
빈방 있나요? 59
어떤 방을 원하세요? 59
싱글룸으로 주세요. 59
1박에 얼마예요? 59
좀 더 싼 방은 없나요? 59

### 룸서비스, 편의시설 이용하기
룸서비스 부탁합니다. 60
비누와 샴푸를 더 가져다주시겠어요? 60
얼음이랑 물 좀 주세요. 60
7시에 모닝콜 부탁합니다. 60
택시를 불러 주시겠어요? 60
세탁 서비스 돼요? 61
언제쯤 될까요? 61
수건을 좀 더 주세요. 61
인터넷을 사용할 수 있나요? 61
와이파이 비밀번호가 뭐예요? 61

### 문제가 생겼어요
열쇠를 방 안에 두고 나왔어요. 63
방 열쇠를 잃어버렸어요. 63
202호입니다. 63
텔레비전이 잘 안 나와요. 63
너무 시끄러워요. 63
시트가 더러워요. 64
방이 너무 추워요. 64
에어컨이 안 돼요. 64
뜨거운 물이 안 나와요. 64
화장실 물이 잘 안 내려가요. 64

### 체크아웃 하기
체크아웃은 몇 시인가요? 65
체크아웃 부탁합니다. 65
이건 무슨 요금입니까? 65
잘못된 것 같은데요. 65
하루 더 있고 싶은데요. 65

## 5. 이동 중에

### 길 물어보기
길 좀 알려 주시겠어요? 68
여기에 가고 싶은데요. 68
노트르담 대성당을 찾고 있어요. 68
이 길의 이름은 뭐예요? 68
근처에 슈퍼가 있나요? 68

### 어디예요?
버스 정류장은 어디예요? 70
가장 가까운 역은 어디예요? 70
출구는 어디예요? 70
매표소는 어디예요? 70
박물관은 어디에 있어요? 70

### 어떻게 가요?
거긴 어떻게 가요? 71
개선문은 어떻게 가나요? 71
여기에서 멀어요? 71
얼마나 걸려요? 71
걸어서 갈 수 있나요? 71

### 길을 잃었어요
길을 잃었어요. 72
여기가 어디예요? 72

여기가 어디인지 모르겠어요. 72
여기에 데려다주시겠어요? 72
지도에서 우리 위치는 어디인가요? 72

## 6. 교통 이용하기

### 지하철 이용하기
매표소는 어디에 있어요? 76
요금은 얼마예요? 76
어느 출구로 나가야 하나요? 76
다음은 무슨 역이에요? 76
어디에서 갈아타요? 76

### 버스 이용하기
이 버스 ~에 가나요? 78
네, 갑니다. 78
아뇨, 안 가요. 78
~에 가는 버스는 몇 번이에요? 78
69번 버스를 타세요. 78
버스 요금은 얼마예요? 79
1.8 유로입니다. 79
~에서 내리고 싶은데요. 79
이번에 내리세요. 79
도착하면 알려 주세요. 79

### 기차표 구입하기
~까지 얼마예요? 80
기차는 몇 시에 출발해요? 80
좀 더 빨리 출발하는 것은 없나요? 80
어른 한 장 주세요. 80
이 기차표를 취소할 수 있나요? 80
편도입니까? 왕복입니까? 81
왕복입니다. 81

| | |
|---|---|
| 편도입니다. | 81 |
| 편도 요금은 얼마예요? | 81 |
| ~행 왕복표 주세요. | 81 |
| ~행 편도표 주세요. | 81 |

### 문제가 생겼어요

| | |
|---|---|
| 표를 잃어버렸어요. | 82 |
| 기차를 잘못 탔어요. | 82 |
| 열차를 놓쳤어요. | 82 |
| 내릴 역을 지나쳐 버렸어요. | 82 |
| 기차에 짐을 놓고 내렸어요. | 82 |

### 택시 이용하기

| | |
|---|---|
| 택시를 불러 주세요. | 83 |
| 공항까지 요금이 얼마나 나와요? | 83 |
| 공항까지 시간이 얼마나 걸려요? | 83 |
| 이 주소로 가 주세요. | 83 |
| 여기에 세워 주세요. | 83 |

### 렌터카 이용하기

| | |
|---|---|
| 차를 빌리고 싶은데요. | 84 |
| 하루 요금이 얼마예요? | 84 |
| 어떤 종류의 차를 원하세요? | 84 |
| 며칠간 쓰실 건가요? | 84 |
| 일주일이요. | 84 |
| 차를 목적지에서 반납할 수 있나요? | 85 |
| 신용카드를 주시겠어요? | 85 |
| 면허증을 보여 주세요. | 85 |
| 도로 지도가 필요해요. | 85 |
| 여기에서 저기까지 어떻게 가나요? | 85 |

## 7. 식당·술집에서

### 식당 예약하기

| | |
|---|---|
| 저녁 6시에 예약하고 싶은데요. | 88 |
| 몇 분이신가요? | 88 |
| 두 명이요. | 88 |
| 금연석으로 주세요. | 88 |
| 예약을 변경하고 싶은데요. | 88 |

### 식당에 도착했을 때

| | |
|---|---|
| 예약은 하셨나요? | 89 |
| 네, 오후 5시 예약입니다. | 89 |
| 아뇨, 예약 안 했는데요. | 89 |
| 두 사람인데 자리 있어요? | 89 |
| 죄송하지만, 지금은 자리가 없습니다. | 89 |

### 음식 주문하기

| | |
|---|---|
| 메뉴를 보여 주세요. | 90 |
| 주문하시겠습니까? | 90 |
| 지금 주문해도 돼요? | 90 |
| 주문은 잠시 후에 할게요. | 90 |
| 메뉴판을 다시 볼 수 있을까요? | 90 |
| 이건 뭔가요? | 91 |
| 그걸로 할게요. | 91 |
| 같은 걸로 주세요. | 91 |
| 음료는 뭘로 하시겠어요? | 91 |
| 추천할 메뉴는 무엇입니까? | 91 |

### 문제가 생겼어요

| | |
|---|---|
| 더 기다려야 하나요? | 94 |
| 저기로 옮겨도 돼요? | 94 |
| 이건 제가 주문한 게 아닌데요. | 94 |
| 포크를 떨어뜨렸어요. | 94 |
| 머리카락이 나왔어요. | 94 |

### 계산하기

| | |
|---|---|
| 계산서 주세요. | 95 |
| 계산을 따로 할게요. | 95 |
| 전부 얼마예요? | 95 |
| 거스름돈을 잘못 주신 것 같아요. | 95 |
| 합계가 잘못됐어요. | 95 |
| 팁이 포함된 금액이에요? | 96 |
| 이 금액은 뭐죠? | 96 |
| 선불인가요? | 96 |
| 어떻게 지불하실 건가요? | 96 |
| 신용카드로 지불할 수 있나요? | 96 |

### 커피숍에서

| | |
|---|---|
| 아이스커피 한 잔 주세요. | 97 |
| 어떤 사이즈로 드려요? | 97 |
| 톨 사이즈로 주세요. | 97 |
| 여기에서 드세요, 가지고 가세요? | 97 |
| 가지고 갈 거예요. | 97 |

### 술집에서

| | |
|---|---|
| 뭐 드시겠어요? | 99 |
| 생맥주 한 잔 주세요. | 99 |
| 와인 주세요. | 99 |
| 한 잔 더 주세요. | 99 |
| 건배! | 99 |

## 8. 관광 즐기기

### 관광하기

| | |
|---|---|
| 관광 안내소는 어디에 있어요? | 102 |
| 구경하기 좋은 곳은 어디예요? | 102 |
| 걸어서 갈 수 있는 거리인가요? | 102 |
| 나이트 투어는 있나요? | 102 |
| 시내 투어에 참가하고 싶은데요. | 102 |

### 관광 명소 구경하기

| | |
|---|---|
| 입장료는 얼마예요? | 103 |
| 몇 시에 폐관해요? | 103 |
| 짐 맡기는 곳이 있나요? | 103 |
| 들어가려면 얼마나 기다려야 해요? | 103 |
| 팸플릿 있나요? | 103 |

### 사진 찍기

| | |
|---|---|
| 사진 좀 찍어 주시겠어요? | 104 |
| 같이 사진 찍을 수 있어요? | 104 |
| 당신 사진을 찍어도 될까요? | 104 |
| 여기에서 사진을 찍어도 돼요? | 104 |
| 사진 찍어 드릴까요? | 104 |
| 이 버튼을 누르시면 돼요. | 105 |
| 준비됐어요? | 105 |
| '치즈' 하세요! | 105 |
| 카메라를 보세요. | 105 |
| 한 장 더 부탁드려요. | 105 |

### 공연 관람하기

| | |
|---|---|
| 지금 어떤 것이 상연 중인가요? | 106 |
| 다음 공연은 몇 시예요? | 106 |
| 공연 시간은 얼마나 돼요? | 106 |
| 영어 자막이 있나요? | 106 |
| 주연 배우가 누구예요? | 106 |

### 스포츠 관람하기

| | |
|---|---|
| 어느 팀과 어느 팀의 경기인가요? | 107 |
| 지금 표를 살 수 있나요? | 107 |
| 죄송합니다. 매진됐습니다. | 107 |
| 예약했는데요. | 107 |
| 파이팅! | 107 |

## 9. 쇼핑하기

### 물건 살펴보기
| | |
|---|---|
| 도와드릴까요? | 110 |
| 그냥 둘러보는 중이에요. | 110 |
| 기념품을 찾고 있는데요. | 110 |
| 저거 볼 수 있어요? | 110 |
| 이것 좀 보여 주세요. | 110 |
| 다른 것도 보여 주세요. | 111 |
| 입어 봐도 돼요? | 111 |
| 이거 세일해요? | 111 |
| 색깔은 어떤 것이 있나요? | 111 |
| 좀 더 싼 걸 보여 주세요. | 111 |

### 물건 사기
| | |
|---|---|
| 이거 얼마예요? | 114 |
| 너무 비싸네요. | 114 |
| 좀 할인해 줄 수 없나요? | 114 |
| 깎아 주시면 살게요. | 114 |
| 이거 세일 금액인가요? | 114 |
| 이 할인 쿠폰을 사용할 수 있어요? | 115 |
| 이거 면세되나요? | 115 |
| 이걸로 주세요. | 115 |
| 포장해 주세요. | 115 |
| 신용카드로 지불해도 되나요? | 115 |

### 옷 사기
| | |
|---|---|
| 의류 매장이 어디에 있나요? | 116 |
| 치마를 사려고 하는데요. | 116 |
| 사이즈가 어떻게 되세요? | 116 |
| M 사이즈로 주세요. | 116 |
| 탈의실은 어디예요? | 116 |
| 잘 맞네요. | 117 |
| 좀 커요. | 117 |
| 너무 커요. | 117 |
| 좀 꽉 껴요. | 117 |
| 너무 헐렁해요. | 117 |
| 좀 더 작은 걸로 보여 주세요. | 118 |
| 다른 스타일은 없나요? | 118 |
| 다른 색상은 없나요? | 118 |
| 똑같은 걸로 검은색 있나요? | 118 |
| 어느 게 더 나아 보여요? | 118 |

### 신발 사기
| | |
|---|---|
| 운동화를 찾고 있어요. | 120 |
| 발 사이즈가 어떻게 되세요? | 120 |
| 38입니다. | 120 |
| 이걸 한번 신어 보세요. | 120 |
| 조금 조여요. | 120 |

### 화장품 사기
| | |
|---|---|
| 화장품 코너는 어디에 있나요? | 122 |
| 립스틱을 찾고 있는데요. | 122 |
| 샘플 발라 봐도 되나요? | 122 |
| 저한테는 어울리지 않네요. | 122 |
| 저는 민감성 피부예요. | 122 |

### 슈퍼마켓에서
| | |
|---|---|
| 과일은 어디에 있나요? | 124 |
| 쇼핑카트는 어디에 있어요? | 124 |
| 왼쪽에 있어요. | 124 |
| 오른쪽에 있어요. | 124 |
| 다 팔렸어요? | 124 |
| 얼마예요? | 124 |

### 교환과 환불

| | |
|---|---|
| 이거 반품하고 싶은데요. | 125 |
| 환불할 수 있어요? | 125 |
| 사이즈를 바꿔 주세요. | 125 |
| 전혀 작동하지 않아요. | 125 |
| 영수증 있으세요? | 125 |

## 10. 친구 만들기

### 말문 떼기

| | |
|---|---|
| 만나서 반가워요. | 128 |
| 누군가를 기다리고 계세요? | 128 |
| 여기 참 멋진 곳이네요. | 128 |
| 날씨가 좋네요. | 128 |
| 어디에서 오셨어요? | 128 |

### 자기소개 하기

| | |
|---|---|
| 제 이름은 최수지예요. | 129 |
| 한국에서 왔어요. | 129 |
| 파리는 처음이에요. | 129 |
| 대학생이에요. | 129 |
| 회사원이에요. | 129 |

### 칭찬하기

| | |
|---|---|
| 귀여워요. | 130 |
| 참 잘생기셨어요. | 130 |
| 젊어 보이세요. | 130 |
| 그거 정말 좋은데요. | 130 |
| 대단한데요. | 130 |

### 연락처 주고받기

| | |
|---|---|
| 또 연락을 하고 싶어요. | 131 |
| 이메일 주소 좀 가르쳐 주시겠어요? | 131 |
| 이건 제 이메일 주소예요. | 131 |
| 적어 주시겠어요? | 131 |
| 페이스북 계정이 있으세요? | 131 |

## 11. 긴급 상황 발생

### 도움 청하기

| | |
|---|---|
| 사람 살려! | 134 |
| 불이야! | 134 |
| 조심하세요! | 134 |
| 도둑이야! | 134 |
| 저놈 잡아라! | 134 |
| 지갑을 도둑맞았어요. | 135 |
| 문제가 생겼어요. | 135 |
| 한국어 할 줄 아는 사람 있나요? | 135 |
| 경찰서가 어디죠? | 135 |
| 이 주소로 데려다주세요. | 135 |

### 도난당하거나 분실했을 때

| | |
|---|---|
| 핸드폰을 잃어버렸어요. | 137 |
| 여권을 잃어버렸어요. | 137 |
| 지갑을 도둑맞았어요. | 137 |
| 가방을 찾을 수가 없어요. | 137 |
| 가방을 기차에 두고 내렸어요. | 137 |
| 여기에서 지갑 못 보셨어요? | 138 |
| 어디에서 잃어버렸습니까? | 138 |
| 어디에서 잃어버렸는지 모르겠어요. | 138 |
| 분실 신고서를 써 주세요. | 138 |
| 찾으면 여기로 연락 주세요. | 138 |

### 교통사고가 났을 때

| | |
|---|---|
| 경찰을 불러 주세요. | 139 |
| 구급차를 불러 주세요. | 139 |

| | |
|---|---|
| 의사를 빨리 데려와 주세요. | 139 |
| 교통사고가 났어요. | 139 |
| 차에 치였어요. | 139 |

### 아플 때

| | |
|---|---|
| 여기가 아파요. | 140 |
| 너무 아파서 움직일 수가 없어요. | 140 |
| 피가 나요. | 140 |
| 열이 좀 있어요. | 140 |
| 설사를 해요. | 140 |

# 인조이 시리즈가 당신의 여행과 함께합니다

# ENJOY your TRAVEL

## 세계여행

① 인조이 도쿄
② 인조이 오사카
③ 인조이 베트남
④ 인조이 미얀마
⑤ 인조이 이탈리아
⑥ 인조이 방콕
⑦ 인조이 호주
⑧ 인조이 싱가포르
⑨ 인조이 유럽
⑩ 인조이 규슈
⑪ 인조이 파리
⑫ 인조이 프라하
⑬ 인조이 홋카이도
⑭ 인조이 뉴욕
⑮ 인조이 홍콩
⑯ 인조이 두바이
⑰ 인조이 타이완
⑱ 인조이 발리
⑲ 인조이 필리핀
⑳ 인조이 런던
㉑ 인조이 남미
㉒ 인조이 하와이
㉓ 인조이 상하이
㉔ 인조이 터키
㉕ 인조이 말레이시아
㉖ 인조이 푸껫
㉗ 인조이 스페인·포르투갈
㉘ 인조이 오키나와
㉙ 인조이 미국 서부
㉚ 인조이 동유럽
㉛ 인조이 괌
㉜ 인조이 중국
㉝ 인조이 인도
㉞ 인조이 크로아티아
㉟ 인조이 뉴질랜드
㊱ 인조이 칭다오
㊲ 인조이 스리랑카
㊳ 인조이 러시아
㊴ 인조이 다낭·호이안·후에
㊵ 인조이 치앙마이
㊶ 인조이 스위스
㊷ 인조이 나트랑·달랏

## 국내여행

① 이번엔! 강원도
② 이번엔! 제주
③ 이번엔! 남해안
④ 이번엔! 서울
⑤ 이번엔! 경주
⑥ 이번엔! 부산
⑦ 이번엔! 울릉도·독도

넥서스BOOKS